Diferentes
formas de amar

Susana Balán

Diferentes formas de amar

tudo o que não ensinaram às mulheres
sobre relacionamento a dois

Tradução de
Luís Carlos Cabral

CIP-BRASIL. CATALOGAÇÃO-NA-FONTE
SINDICATO NACIONAL DOS EDITORES DE LIVROS, RJ

B144d   Balán, Susana, 1941-
     Diferentes formas de amar: tudo o que não ensinaram às mulheres sobre relacionamento a dois / Susana Balán; tradução: Luís Carlos Cabral. – Rio de Janeiro: BestSeller, 2009.

     Tradução de: Dos para el tango
     ISBN 978-85-7684-210-1

     1. Relações homem-mulher. 2. Mães e filhas. 3. Amor. I. Título.

08-5489
                CDD: 306.7
                CDU: 316.472.4-058.83

Título original
DOS PARA EL TANGO
Copyright © 2004 by Susana Balán
Copyright © 2004 by Editorial Del Nuevo Extremo S.A.,
referente à edição argentina.
Copyright da tradução © 2008 by Editora Best Seller Ltda.

Capa: Sense Design

Diagramação: ô de casa

Todos os direitos reservados. Proibida a reprodução,
no todo ou em parte, sem autorização prévia por escrito da editora,
sejam quais forem os meios empregados.
Direitos exclusivos de publicação em língua portuguesa para o Brasil
adquiridos pela
EDITORA BEST SELLER LTDA.
Rua Argentina, 171, parte, São Cristóvão
Rio de Janeiro, RJ – 20921-380
que se reserva a propriedade literária desta tradução

Impresso no Brasil
ISBN 978-85-7684-210-1
PEDIDOS PELO REEMBOLSO POSTAL
Caixa Postal 23.052
Rio de Janeiro, RJ – 20922-970

À *memória de:*

Socorro Soberón, que escreveu para sua neta:
"Experimentei uma coisa parecida com minha mãe, e sua mãe diz que está preparada para viver a mesma coisa comigo, coisa que não creio que aconteça porque eu não quero, você sabe?... A corrente tem de quebrar em algum lado, em algum momento, e espero que esse momento e esse lugar sejam este... Pela primeira vez há ao meu lado uma família de casal..."

(México, 1996);

e de Viola Sheely, que me escreveu:
"The true challenge today in a relationship is letting go of old habits. Creating a new kind of love different from our parents. It felt so real. I feel this was truly a new beginning for my husband and I".

"*Hoje o verdadeiro desafio de uma relação é abandonar os hábitos antigos. Criar um novo tipo de amor, diferente do de nossos pais. Isso soa tão real. Eu sinto que é de verdade um novo começo para mim e meu marido*".

(Bali, 1998).

What is a story if not a metaphor, a myth in the making? Love is raft in a swiftly moving river, scant protection against rapids and rocks, a private place of smells and tastes, eloquences looks and intimate touch, a cache of common dreams and accumulated history. We seek its secret, but it is as individual as one's face, hidden even from ourselves. Me, Joan; you, Al. We have conceptual differences. We are conceptual differences. We don't even pull into the driveway the same way. But isn't that where love begins, in the differences – the otherness – that makes love possible, and necessary? Love is the mystery of union, the distance to be transcended, the fuel to cross an infinity. It's another kind of math. Two times Love equals One. We are One and not One, a paradox in being. And that's only the half of it, maybe only half of the half – my half. We shout and we shut up. We laugh, we paddle. The fuel is a flame that flickers. We give it air, and we trust the flame will not go out. The dramatic tension is internal.

O que é uma história se não uma metáfora, um mito em fabricação? O amor é uma balsa em um rio que se move veloz, uma proteção insuficiente contra as corredeiras e as rochas, um lugar particular com seus aromas e sabores, olhares eloqüentes e carícias íntimas, um esconderijo com sonhos comuns e história acumulada. Procuramos seu segredo, mas é tão pessoal como o rosto de alguém, se esconde até de nós mesmos. Eu, Joan; você, Al. Temos diferenças conceituais. *Somos* diferenças conceituais. Nem sequer subimos na calçada do mesmo modo. Mas não é aí que começa o amor? Não são as diferenças com o outro que tornam o amor possível e necessário? O amor é um mistério de união, uma distância a ser transcendida, o combustível para cruzar o infinito. É outro tipo de matemática. Duas vezes amor é igual a Um. Nós somos Um e não Um, um paradoxo do ser. E isso é só a metade disso, talvez só a metade da metade – minha metade. Gritamos e ficamos calados. Rimos, remamos. O combustível é uma chama que oscila. Damos-lhe ar, e acreditamos que a chama não se apagará. A tensão dramática é interna.

Joan Konner

A dança do tango é a procura do homem e da mulher. É a procura do abraço. É a forma de estar juntos e de que o homem se sinta homem e a mulher, mulher, sem machismo. A mulher gosta de ser conduzida e o homem gosta de conduzir. Depois os problemas virão ou não, mas, nesse momento, é importante chegar a um diálogo progressivo e positivo, aos cinqüenta por cento. A música provoca angústia, a dança é a união de duas pessoas indefesas diante do mundo e da impotência de mudar as coisas.

Juan Carlos Copes

Mother, I conquered the world for you. You were the Mother I needed. I'm a fighter. What I have done with a Mother who smothered me in love? [...] *Thank you, Mother. What a boring life I would have without you.* Mãe, conquistei o mundo para você. Você foi a Mãe da qual eu precisava. Sou uma lutadora. O que eu fiz com uma Mãe que me asfixiou de amor? (...) Obrigada, Mãe. Que vida chata eu teria tido sem você.

Niki de Saint Phalle

Não é fácil ser sincrético. É perigoso. Também é excitante; mas ser sincrético e eclético ao mesmo tempo pode ser muito perigoso, porque criar, atuar e compor são atividades que exigem foco e concentração e também ter a verdade como perspectiva. [...] Esta é a era das comparações, em que você pode colocar as coisas lado a lado e sugerir comparações surpreendentes que vão mudar sua forma de pensar e de sentir.

Caetano Veloso

Sumário

Introdução 13
1. Saga de abraços familiares 25
2. Abraços cruzados 43
3. Amores liberais 59
4. O abraço impreciso 77
5. Amores partidos 97
   1. Entre a dependência e a independência 101
   2. Entre a fusão e a individuação 104
   3. Entre o previsível e o imprevisto 106
   4. Entre a cortesia e a franqueza 109
   5. Entre o relaxamento e a exaltação 111
   6. Entre a atenção aos demais e a atenção a si mesma 113
   7. Entre o pragmatismo e o idealismo 115
6. Epidemia de desconfiança amorosa 119
7. Coreografias amorosas 135

8. O abraço inconveniente   155
9. Amores sincréticos   171
10. Amores compartilhados   195
  1. Entre a dependência e a independência,
     descobrem a autonomia afetiva   203
  2. Entre a fusão e a individuação,
     descobrem o diálogo   205
  3. Entre o previsível e o imprevisto,
     descobrem a criatividade   208
  4. Entre a cortesia e a franqueza,
     descobrem o respeito   210
  5. Entre o relaxamento e a exaltação,
     descobrem a ansiedade de aprender   212
  6. Entre a atenção aos demais e a atenção
     a si mesmas, descobrem a justiça   214
  7. Entre o pragmatismo e o idealismo,
     descobrem a lucidez   216
11. O abraço exato   221

Agradecimentos detalhados   245

Introdução

"As mulheres de sua geração nos ensinaram a lutar, mas não nos ensinaram a amar." Com uma voz impregnada de uma dor causada por seus repetidos fracassos amorosos, Lena, uma bem-sucedida jornalista mexicana que se define como fiel representante da geração X – a qual também pertencem minhas filhas –, tentava me explicar por que rejeitava a afirmação de algumas mães que diziam que ela e suas amigas se comportam como "ingênuas que ainda acreditam em contos de fadas" ou então como mulheres "tão más e egoístas que nenhum homem as agüenta". Triste e irritada, Lena insistia: "As mulheres de sua idade nos ensinaram a decolar em nossas vidas profissionais, mas não em nossas vidas pessoais. Ensinaram-nos a discutir, mas não nos ensinaram a escutar. Primeiro, nossas mães nos ensinaram a querer tudo. Disseram-nos que merecíamos o melhor. Mas quando queremos encontrar uma pessoa que nos entenda e que nos complemente em tudo, nos criticam e nos dizem que somos extremamente pretensiosas e que na vida é preciso negociar. Fizeram-nos crer que bastava que nos livrássemos da dependência dos homens para sermos felizes, mas não reconhecem que se equivocaram. A liberdade não nos trouxe mais felicidade. Ou essa receita não serve nem nunca serviu ou se esqueceram de nos revelar algum segredo." Esta cena aconteceu em Nova York, em janeiro de 1999, meu primeiro ano de vida profissional nessa cidade.

Algumas semanas depois, Alessandra, uma bela advogada italiana cheia de clientes, amigos e familiares que a idolatram, quis saber se eu podia lhe explicar por que ela e outras mulheres como ela – extremamente bem-sucedidas em vários campos de suas vidas – se apaixonam por homens que as maltratam e se entendiam com aqueles que as tratam bem.

"É ruim querer mais? Por que não posso desejar tudo? Se sou ambiciosa e exijo o máximo de mim em todos os aspectos de minha vida, por que não posso me exigir também o máximo na vida amorosa e conseguir o que mais quero: um homem que seja poderoso e ao mesmo tempo bom?" – se perguntava.

Não lhe serviam os conselhos de seu pai, que via as relações amorosas entre homens e mulheres como uma caçada. Ela não queria caçar (e maltratar o homem que a amava), muito menos ser caçada (e maltratada pelo homem que amava).

Tampouco lhe serviam os meus, parecidos com os de sua mãe. Eu lhe disse para ser "mais tolerante", algo que lhe pareceu inaceitável. Não queria como parceiro um homem que requeresse os cuidados de um menino tonto. Nem mesmo os argumentos de suas amigas a convenciam: ser "mais conformista" não combinava com seu estilo pessoal. É certo que não precisava ter ao seu lado um homem que cuidasse dela como se fosse uma menina; é certo que era completamente independente e capaz de resolver sozinha todas as questões de sua vida. Mas, exatamente por isso, queria ter um companheiro que soubesse mais do que ela, com quem pudesse continuar aprendendo.

Naqueles mesmos meses de 1999, eu sofria com cada uma das intermináveis discussões relacionadas aos preparativos do casamento de Natasha, minha filha mais velha. Nascida em 1970, em Buenos Aires, Natasha era filha de um casal agnóstico e divorciado há muito tempo. O pai era um portenho criado por uma mãe católica de origem italiana e um pai maçom de origem francesa; a mãe, uma provinciana criada por um casal de origem russo-judaica que adotara as tradições gaúchas da Argentina onde nasceram.

Até então eu acreditara que as dificuldades amorosas de minha filha Natasha se deviam ao seu sincretismo cultural e religioso e a suas diferentes migrações: da cidade de Buenos Aires de seu nascimento à do Rio de Janeiro da sua infância à de Buenos Aires da sua adolescência e à de Toronto da sua juventude, onde continua vivendo. Ela mesma confirmou meus temores quando inaugurou sua adolescência sofrendo pelo fato de não se encaixar completamente em nenhum grupo, nenhuma religião ou nenhuma faixa etária. Queixava-se porque não sabia se seus amigos "definitivos" eram os que haviam ficado em Buenos Aires, onde vivera apenas seis de seus 12 anos de vida, ou as filhas de minhas amigas cariocas, ou seus companheiros de colégio, ou os vizinhos com quem brincava no Rio de Janeiro. Queixava-se porque não sabia se lhe convinha abrandar seus medos rezando o Pai-Nosso, como lhe recomendava sua avó paterna católica, ou pedir desculpas e corrigir seus erros, como lhe indicavam as regras éticas de sua avó materna judia, ou confiar em alguma "macumba", seguindo os rituais do candomblé, como fazia sua babá brasileira. Queixava-se porque não sabia se seria mais divertido ficar em casa brincando de boneca com as amigas e sua irmã menor ou sair para dançar com sua prima mais velha e o namorado da prima, um adulto. Podia transitar por muitos lugares, mas em nenhum se encaixava "de todo e para sempre", como costumava repetir, inconsolável.

Sua maior irritação era comigo, porque eu, sua mãe – sua matriz, sua origem, seu ponto de partida –, não lhe oferecia um lugar que integrasse todos os seus seres e fazeres. Não lhe dava uma referência. Eu podia lhe ensinar as danças israelenses, mas não as brasileiras; podia lhe explicar como devia se comportar no Teatro Municipal, aonde a levava para ver os espetáculos de balé que a fascinavam, mas morria de medo quando seu pai lhe ensinava a quebrar as ondas do mar de Ipanema, às vezes enfurecido. Podia ajudá-la com as lições de ciências sociais, mas chorava com ela quando não entendia os de matemática. Seu pai, suas avós, sua babá, seus amigos e eu podíamos lhe sugerir nomes para algumas de suas idéias, emoções e hábitos, mas não para outros. Natasha não podia se definir por inteiro, não cabia em uma única palavra, em uma única emoção, idéia ou costume. Percebia-se estrangeira e exótica em todas as línguas, geografias e costumes que, não obstante, habitava como se lhe pertencessem.

Durante sua juventude, suas relações amorosas demonstraram a mesma inadaptação. Quando eu gostava do *"namorado que a mãe quer"*, como me apresentara a um deles, ela descobria, depois de alguns anos de namoro bem conduzido, que ele era muito introvertido e não compreendia sua necessidade de dançar até a madrugada. Quando eu conseguia entender as virtudes do namorado que era interessante como pessoa e não muito adequado para ser o futuro pai de meus netos, ela descobria, depois de tê-lo incorporado com sucesso aos nossos rituais familiares, que era muito arrojado e não entendia seu interesse pelos prazeres da vida burguesa e da música clássica. Os quatro pretendentes que cobriram os dez anos anteriores ao seu encontro com Carlos – o jovem canadense de origem católico-portuguesa com quem se casaria no ano seguinte – amaram minha filha, quiseram se casar e construir uma família com ela. Com esforço em alguns casos, com muito prazer em outros, os quatro pretendentes contaram com a minha aprovação, mas não com a de Natasha. Depois de um tempo – que geralmente coincidia com o tempo que eu levara para me afeiçoar, aceitar e apreciar as razões que haviam levado Natasha a escolhê-lo –, ela decidia que o pretendente não era o homem para ela. Um lhe oferecia um abraço muito boêmio, outro era muito sistemático; um era muito passional, o outro, muito racional. Um era muito forte, o outro, muito fraco. Natasha vibrou de alegria com cada um deles, compartilhando a mesma maneira de ver a vida, e se irritou e ficou triste quando teve de admitir que as diferenças de pontos de vista tornavam impossível a convivência diária. Em certas ocasiões, todos os pretendentes abraçaram-na com facilidade e leveza, e a asfixiaram em outras. Eu gostava de um, seu pai de outro. Seus amigos brasileiros se davam bem com aquele que seus amigos argentinos detestavam, e vice-versa. Com um, freqüentava restaurantes elegantes vestida com camisetas artesanais e alpargatas; com outro, passava longas madrugadas bebendo gim e café, exibindo blusas de seda que roubava de meu armário.

Mas minhas consulentes, que também se queixavam de não se encaixar completamente em nenhum abraço e de não encontrar o homem que as compreendesse por inteiro, haviam nascido e crescido no seio de famílias geográfica, social, religiosa e culturalmente homogêneas. Ao contrário de minhas filhas, seus pais não haviam se separado nem elas haviam mudado de geografia, linguagem, cultura, aromas ou sabores. Eram unívoca e homogeneamente francesas, brasileiras, indianas ou argentinas. Suas famílias de origem eram unívoca e homogeneamente de classe média ou alta, de profissionais liberais ou de intelectuais ou artistas. Algumas continuavam praticando o credo em que haviam sido criadas, e eram univocamente católicas, judias, protestantes, hinduístas, agnósticas ou atéias. Ao contrário de minhas filhas, não eram o resultado de sincretismos religiosos, culturais, lingüísticos ou sociais.

No entanto, embora a inadaptação não fosse social e sim afetiva, compartilhavam com elas o sentimento de se sentir "raras" ou diferentes em qualquer grupo de mulheres de sua idade: não se encaixavam no grupo das "donas de casa" nem no das "executivas", mas eram excelentes anfitriãs e ótimas profissionais: não eram suaves nem ríspidas, mas se sabiam extremamente sensíveis e muito eficientes; nem racionais nem irracionais, podiam sustentar uma lógica rigorosa e uma intuição ilógica; nem previsíveis nem imprevisíveis, sabiam manter um compromisso e surpreender com extravagâncias. Em alguns momentos se sentiam muito boas e em outros, muito más; às vezes se sentiam mais fracas do que outras mulheres e em outros instantes, mais fortes do que alguns homens; às vezes se sentiam melhores e às vezes piores do que a maioria das pessoas. Do ponto de vista afetivo, minhas consulentes, assim como minhas filhas, se sentiam nada, ninguém. E todas elas compartilhavam o sentimento de ser incompreendidas por suas mães e pelos homens que amavam; incompreensões que não podiam ser explicadas pela diferença de linguagens culturais, religiosas ou de gênero.

Uma vez que essas mulheres amavam suas mães (que não se sentiam amadas por elas) e eu amava minhas filhas (que não se sentiam amadas por mim), comecei a supor que um grande mal-entendido nos rondava.

Nessa época, alguns dos meus consulentes eram homens, também da geração de minhas filhas, que se queixavam das mulheres. "Não consigo entendê-las, não sei o que querem." "Elas me deixam louco, mudam todo o tempo de humor, sempre querem algo diferente do que acabaram de pedir." Esses homens achavam suas namoradas maravilhosas, mas tão incompreensíveis que acabavam esgotando-os e chateando-os.

Inquietei-me ainda mais: sempre temera (e sei que as mães de minhas consulentes temiam o mesmo) que nenhum homem pudesse abraçar minhas filhas se elas continuassem agindo como faziam desde que nasceram, como se fossem potrancas selvagens, insaciáveis em sua ânsia de querer tudo, fazer tudo, abarcar tudo.

No entanto, Natasha me demonstrou meu equívoco: Carlos a entendia e quis se casar com ela precisamente porque ambos tinham o mesmo desejo de atingir a excelência nos aspectos afetivos da vida, como já sabiam que podiam alcançá-la em outros. Tomando emprestada a voz do poeta Fernando Pessoa, anunciaram seu casamento convidando a: *"Navegar é preciso, viver não é preciso."* No que tange às suas necessidades amorosas, os dois tinham se sentido estranhos e diferentes da maioria de seus parceiros, mas haviam se encontrado. E celebraram o abraço preciso, exato, necessário, específico e único que cada um deles se comprometia a entregar ao outro.

Comecei a pensar que Lena tinha razão: algumas mulheres de minha geração ensinaram suas filhas a amar da mesma maneira que elas, ensinamento que, no mundo novo em que lhes cabe viver, não lhes serve.

Talvez o desencontro amoroso entre mães e filhas e entre mulheres e homens não fosse provocado pela falta de amor, mas sim pela ausência de um sistema de tradução simultânea de nossas diferentes linguagens amorosas. Talvez a maneira "rara" de amar de minhas filhas fosse a manifestação externa de uma ruptura; uma mudança drástica, definitiva, irreversível, tanto com o modelo afetivo de suas avós como com o de suas mães. Talvez essas mulheres "raras" revelassem características de uma mutação do ser afetivo e nos ensinassem uma nova maneira de amar.

O mundo das mulheres da geração de minha avó era de homens. Elas deviam ser parte do corpo físico, social e familiar de seus maridos: foram a costela de Adão.

As mulheres da geração de minha mãe, por sua vez, habitaram um mundo próprio, dentro de suas casas e com seus filhos. Tratava-se, porém, de um pedacinho do mundo. O espaço caseiro era parcial, recortado, limitado: elas não foram cidadãs do primeiro mundo, o mundo dos homens.

Na minha geração, algumas mulheres e alguns homens quiseram habitar reinos que seus pais e suas mães não conheceram. Migraram. Nós, mulheres, ingressamos no poderoso mundo do trabalho; os homens ingressaram no sensível mundo doméstico, mas tanto elas como eles mantiveram laços com o mundo que abandonaram. Nós nos sentíamos na metade do caminho, desgarradas de nossas identidades emocionais. Mais adiante, os homens de nossa geração também sofreram extravios sentimentais semelhantes.

Na geração de minhas filhas, alguns homens e mulheres sofrem: nada os conforma. Não querem nem se sentir desgarrados, como acontecia com seus progenitores, nem voltar aos mundos divididos de seus avós; querem menos ainda habitar um mundo em que as mulheres sejam cidadãs de segunda, como foram suas bisavós.

Observei que algumas e alguns desses inconformistas encontram uma solução satisfatória criando novas formas de amar. Parecem organizar sincreticamente as heranças emocionais recebidas de seus pais e avós. Aprendem uma nova dança amorosa que não exagera, mas tampouco diminui a importância das diferenças entre homens e mulheres. Ao reconhecer a existência de diferentes linguagens emocionais, também parecem reconhecer que recorrer à tradução simultânea das mútuas linguagens amorosas seria a única forma de evitar possíveis mal-entendidos.

Com esta hipótese em minha cabeça e em meu coração, me dediquei a observar com mais cuidado que maneira de amar lhes servia de fato: qual funcionava com o homem que as entendia e qual funcionava com elas e suas mães. E, com a generosa participação de algumas delas e alguns deles, comecei a registrar certos comportamentos repetitivos que não pareciam se dever a características pessoais ou individuais. Descobrimos com elas e eles, e eu atuando como tradutora virtual (raramente estas pessoas se encontraram na realidade), que algumas mulheres e alguns homens faziam parte de um coletivo maior, que até o momento não era reconhecido como tal. Não haviam se encontrado porque, ignorando a existência de outros como eles, não tinham sabido se reconhecer.

Esta obra tenta ser um livro de bordo da viagem amorosa das mulheres (fico devendo a dos homens) que pertencem a esse coletivo, pequeno do ponto de vista numérico, mas reconhecível em suas formas específicas.

Nos primeiros capítulos, descrevo vocabulários e modelos amorosos que algumas mulheres da geração de minha avó transmitiram às de minha mãe e aqueles que, por sua vez, algumas mulheres da geração de minha mãe transmitiram a suas filhas. Nos seguintes, mostro como algumas mulheres da geração de minhas filhas utilizam ou reinventam os ensinamentos amorosos que receberam – explícita e implicitamente – de seus progenitores. Entreteço cenas do passado com cenas do presente, narrativas pessoais com sociais, emoções com pensamentos, anedotas com reflexões. Três metáforas me auxiliam em minha narrativa: o abraço, a dança e a figura do sincretismo.

Abraçar, diz o dicionário, é estreitar entre os braços ou cingir com eles. Em um sentido mais amplo, esta palavra também é usada para se referir à idéia de compreender, incluir, admitir, receber, aderir, seguir, tornar-se responsável por alguma coisa e ocupar-se dela. Metaforicamente, descrevo formas precisas e imprecisas, partidas e compartilhadas, convenientes e inconvenientes, de abraçar-compreender-cuidar de uma pessoa. Dançar significa executar movimentos compassados. As danças de casal requerem, além do mais, que esses movimentos sejam coordenados não só com a música, mas também entre os bailarinos. Metaforicamente, descrevo formas felizes e infelizes de coordenar movimentos entre os membros de diferentes estilos de casal.

Sincrético, também nos informa o dicionário, se refere ao resultado da tentativa de harmonizar elementos de origens diferentes. A palavra é, geralmente, utilizada para nomear religiões ou culturas sincréticas novas, formadas a partir de uma combinação de elementos de duas ou mais religiões ligadas a culturas tradicionais. Metaforicamente, falo de emocionalismos sincréticos para me referir às formas originais que algumas pessoas da geração de minhas filhas usam para depurar e reordenar os legados emocionais recebidos de gerações passadas. Evito recorrer à palavra "híbrido", que é usada de maneira equivalente, pela conotação de "indefinido" ao qual o termo também alude.

Embora a informação que resumo se baseie, fundamentalmente, nos dados que me foram fornecidos por profissionais bem-sucedidos de ambos os sexos, heterossexuais e homossexuais, entre 30 e 40 anos de idade, norte-americanos e de outras partes do mundo, residentes em Nova York, limitar-me-ei a falar das mulheres heterossexuais que, seguindo o caminho de tentativas e erros, souberam transformar em sabedoria as dores da procura do relacionamento perfeito e, por fim, encontraram o amor que procuravam.

Todas elas chegaram à Nova York procurando melhores oportunidades profissionais e alimentavam o desejo secreto de encontrar, em uma cidade tão imensa, um homem que lhes oferecesse um abraço imenso, diferente, indescritível, quase impossível de ser imaginado.

Apesar da infinita necessidade de parar e desistir desse projeto, que muitas vezes me pareceu disparatado, segui minha trajetória literária da mesma maneira que minhas filhas e consulentes continuaram – bem depois de muitas de suas companheiras terem desertado, exauridas pela turbulência e as incertezas – procurando um porto seguro em que pudessem se recuperar. Repetindo as vicissitudes de suas viagens, eu, como elas, acreditei muitas vezes que o havia encontrado, para descobrir apenas com infinita dor de que se tratava, na realidade, de uma rocha na qual era impossível desembarcar, ou que a terra aparentemente firme e atraente estava povoada de inimigos que me atacavam com desapiedada violência. (Meu senso crítico me dizia que nem eu mesma entendia o que escrevera.)

Reescrevi cada capítulo deste livro centenas de vezes: registrava novas informações enquanto o fazia e, ao voltar a lê-las, descobria que não tinham sentido se não integrasse toda a informação em um conjunto unificado.

As travessias amorosas de algumas de minhas consulentes culminaram em encontros que me permitiram chegar à última versão do livro.

Muitos episódios anedóticos ficaram de fora porque não soube incorporá-los, mas minha gratidão a minhas filhas e a minhas consulentes por tudo o que aprendi com elas impregna cada palavra deste livro.

Os capítulos de 1 a 4 contam minhas próprias andanças pelo mundo dos afetos, um percurso que começa com minha mãe ainda dentro do ventre de minha avó e termina com minhas filhas já fora do meu. Os capítulos de 5 a 8 relatam as andanças de algumas mulheres da idade de minhas filhas e suas estratégias para sobreviver às contradições afetivas que aprenderam com suas mães. Os capítulos 9 e 10 tratam da mudança de rumo da navegação amorosa que algumas dessas mulheres conseguem fazer. O capítulo 11 detalha a logística dos passos dessa nova forma de relacionamento.

Os agradecimentos específicos a pessoas e livros fecham a travessia.

Nova York, 2004

1. Saga de abraços familiares

Minha avó Rosa, a mãe de minha mãe, tinha 14 anos no início de 1904, quando chegou à Argentina fugindo das perseguições aos judeus na sua Rússia natal. A família não podia pagar mais de duas passagens: ela e a irmã um ano mais velha acabaram sendo escolhidas para escapar da morte e começar uma vida nova em uma terra que se mostrava tão promissora como enigmática e distante. Foram expulsas por proteção, desterradas por amor. Obedeceram chorando. Sentiram medo de abandonar o conhecido e enfrentar o desconhecido. Sentiram culpa por trair os entes queridos sobrevivendo. Sentiram uma raiva impotente diante das bondades do novo mundo, as quais não podiam compartilhar com eles. Essas emoções não as abandonaram nem quando o alívio de saber que estavam salvas lhes devolveu o sorriso; no entanto, nunca voltaram a sorrir como quando eram crianças, livremente e às gargalhadas.

O dote de minha avó era um papel em que se lia o nome borrado de José, que partira um ano antes da mesma aldeia. Quando ela foi procurá-lo, ele já era um homem maduro. Tinha 27 anos. Supunha-se que estivesse instalado no norte argentino, em uma colônia de camponeses formada por judeus vindos de diferentes partes da Europa Central. Embora proviesse de uma família de pequenos comerciantes e não soubesse nada da vida no campo, a família de minha avó o imaginava bem-sucedido no novo empreendimento. Era o precursor da esperança. Por isso, Rosa tinha de encontrá-lo e se casar com ele. Precisava sobreviver, enraizar-se na terra prometida, prolongar-se na família, semear de vida a memória vazia.

Rosa não procurava o encontro perfeito, o amor total ou verdadeiro. Essas esperanças não faziam parte do repertório dos afetos possíveis de mulheres como ela, imigrantes sem recursos familiares. Ela desejava um marido que lhe permitisse continuar viva e multiplicar a vida, respeitando a missão que recebera de sua mãe. Não escolheu seu homem. Não procurava um homem para amar. Essas necessidades estavam distantes de seus pensamentos e ainda mais de sua imaginação. Entregou-se, sem questioná-lo, ao destino de esposa procriadora. Só devia se garantir um homem que cumprisse com eficiência seus deveres maritais; isto é, um homem que a protegesse e às suas crias dignamente. Para ela, casamento era isso. Rosa encontrou José, conseguiu ser a pretendente escolhida e se casou com ele. Tiveram sete filhos.

Nunca se amaram no sentido de se sentir atraídos por alguém – tal como o dicionário se refere ao verbo amar –, mas superaram juntos e em família as calamidades ecológicas e burocráticas dos primeiros anos na nova terra. Essa experiência compartilhada solidificou a união, que durou até a morte de José, depois de mais de cinqüenta anos de vida em comum. Minha avó se considerava uma mulher afortunada porque, além de lhe garantir casa, comida e legitimidade social, seu marido compartilhava com ela as recordações da neve, as canções, as comidas, os costumes religiosos, a idéia de lar e o idioma natal. Não existiram entre eles jogos de sedução, paixões avassaladoras, olhares de profundo entendimento nem deslumbrantes descobertas da intimidade. Comportaram-se como deviam: ele proveu o sustento econômico e a inserção social e institucional da família em seu meio; ela se dedicou ao cuidado dos filhos e do mundo doméstico.

Minha avó sempre se considerou uma pessoa fraca e se comportou como tal. Não foi ela quem decidiu deixar a família no velho mundo; não foi ela quem escolheu o homem que seria seu marido, o lugar em que viveria, quantos filhos traria ao mundo ou quando. Não tinha poder de decisão. Era uma esposa: assim devia se definir, era essa sua identidade. Tinha um marido que cobria as necessidades materiais dela e de seus filhos – o que mais poderia ambicionar? Se desejasse algo mais, algo diferente dos desejos prescritos para ela como esposa e mãe, devia inventar uma maneira de obter permissão de seu marido para tal.

Especializou-se em sobrevivência. Superou os riscos da morte, a fome, as penúrias físicas, os desafios de uma terra desconhecida. Também superou a constante falta de atenção aos seus desejos, parte constitutiva de seu casamento. Rosa sempre quis algo além da sobrevivência física, de uma alimentação suficiente e de um refúgio contra as inclemências do tempo. Queria viver bem. Queria participar da vida cultural. Tinha apetites que iam além da mera alimentação básica. E, de sua posição de subordinada, conseguiu bastante do que desejava. Aprendeu a convencer seu forte marido, dono do poder de decisão, de quanto ele precisava do que ela desejava. Não lhe foi difícil: ela mesma se considerava mera parte dele, como se sua existência se limitasse ao papel que devia cumprir na família de seu marido.

A água naquela região sem chuvas escasseava e meu avô precisava dela para produzir a alfafa que vendia aos criadores de gado da área. Jamais lhe teria ocorrido gastar um recurso que produzia dinheiro em uma coisa tão desnecessária a seus olhos como o jardim que minha avó sonhava cultivar. Não obstante, minha avó conseguiu que suas rosas, goiveiros, margaridas e ranunculáceas, imprescindíveis para alimentar sua alma, recebessem tanto ou mais cuidado do que a alfafa. Nunca faltou água para as flores de minha avó. Se meu avô não a trouxesse – já convencido de que ele precisava do milagre de flores nascidas nas ressecadas terras do Chaco –, o faziam seus filhos homens, na ânsia de combater as dolorosas depressões de sua mãe, tirá-la de seus longos mutismos, atrair seu olhar ausente.

A melancolia de minha avó não era uma invenção, uma estratégia para conseguir o que queria. Seus sofrimentos existiam de verdade, como as fraquezas ou a falta de recursos sociais e econômicos. A tristeza, a passividade e a dependência eram suas únicas propriedades, faziam parte de seu capital. Minha avó aprendeu a usá-las como armas defensivas: transformou-as na força do fraco. Jamais lhe ocorreu se sentir mal para manipular seu marido a fim de satisfazer um desejo pessoal. Fazia-o para que a Pessoa-Rosa sobrevivesse escondida nas roupas da Mamãe-Rosa e da Esposa-Rosa.

Meu avô se dava por satisfeito por estar vivo e ouvir o canto dos pássaros no anoitecer dos pampas argentinos, longe dos perigos das estepes siberianas. Cantarolava baladas de sua infância com nostalgia quando percorria os campos a cavalo e recordava o rosto de seu pai repetindo o ritual que aprendera com ele: mordiscar um torrão de açúcar e sorver um chá quente mesmo nos dias mais abrasadores do verão. Minha avó, por sua vez, sempre quis algo mais do que se sentir livre das perseguições sofridas em seu país natal. Desejava habitar a nova terra, dominar suas paisagens, seus costumes, comidas e aromas. Não conseguiu por completo: sempre foi uma russa, uma imigrante que falava castelhano com sotaque estrangeiro. Mas incentivou todos os seus filhos, homens e mulheres, a adotarem os costumes da terra em que haviam nascido. Desejava que eles se sentissem e agissem como legítimos cidadãos do novo mundo; desejava que a ajudassem a esquecer os terrores ancestrais que continuavam povoando sua memória. O amor por eles fez nascer o desejo de que se diferenciassem dela. Aceitava o risco de que os filhos se tornassem estranhos, deixassem de habitar o mesmo território cultural.

Suponho que a origem de meu interesse por temas psicológicos esteja nas viagens a Buenos Aires que minha avó começou a fazer na década de 1950 para ser atendida pelos primeiros psicanalistas do país. Minha mãe, a filha mais velha, sempre a acompanhava. A grande cidade ficava a milhares de quilômetros de sua aldeia; ali, longe do controle de meu avô, Rosa tinha aulas de castelhano, assistia a espetáculos teatrais e ia a confeitarias saborear doces que o marido acharia supérfluos. Mas as delícias remetiam a prazeres roubados, efêmeros, insuficientes. Podia se permiti-los como uma compensação por ser fraca ou um antídoto contra sua depressão de sobrevivente, mas não podia desfrutá-los como se fossem parte da alegria de viver.

Minha mãe e outras pessoas de sua geração se sentiram estranhas quando deram início à migração cultural e aprenderam os costumes, a língua, os valores e as maneiras de pensar e sentir dos nativos da nova terra. Durante longo período não se adaptaram por inteiro em nenhum de seus dois territórios de inclusão cultural: nem nas tradições gauchescas locais nem nas das ortodoxias religiosas judaicas de seus antepassados. Minha tia Clara – que sempre me ajudou a entender os diversos códigos familiares, a ouvir o que não se dizia e a ver o que não se devia – sofria porque desejava ser sócia do clube de tênis freqüentado pelos amigos. Os pais não permitiam porque era de *goyim*, não de judeus, e temiam que se apaixonasse por algum deles e abandonasse suas tradições. Mas, ao mesmo tempo, estimulavam-na a continuar seus estudos fora da pequena aldeia onde viviam, fora do controle da fechada comunidade judaica, em que corria o mesmo risco. Clara se sentia deslocada em ambos os grupos, mas talvez mais confortável entre os nativos. Minha mãe, por sua vez, embora igualmente deslocada, se sentia mais à vontade entre os imigrantes judeus que faziam parte do círculo de seus pais. Recordava com tristeza um episódio de sua infância: uma amiga, filha de imigrantes espanhóis, fez o sinal-da-cruz e saiu correndo gritando "o diabo, o diabo" quando descobriu que era judia.

Clara, minha mãe e outras pessoas desta segunda geração de imigrantes judeus na Argentina se viram questionadas tanto pelos gaúchos locais como pelos judeus imigrantes. Uns desconfiavam delas porque agiam como gaúchas, mas de uma maneira pouco comum; às vezes reagiam atacando-as, como se se sentissem invadidos por aqueles personagens estranhos, mas reconhecíveis. Os outros desconfiavam delas porque agiam como judias, mas sem repetir estritamente os costumes tradicionais; às vezes reagiam acusando-as de renegadas, como se se sentissem traídos por aqueles personagens reconhecíveis, mas estranhos.

Alguns desses seres, com bagagem cultural confusa nas costas, escolheram se adaptar por completo ao ambiente local, evitando assim as agressões dos nativos. Mudaram seus sobrenomes e esqueceram o iídiche, os costumes tradicionais e os valores familiares. Vestiram-se de gaúchos e mataram o próprio passado. Outros optaram por manter os costumes sem nenhuma alteração, evitando assim que os imigrantes os chamassem de traidores. Negaram a passagem do tempo e os vertiginosos deslocamentos geográficos. Nunca acordaram para seu presente nem habitaram culturalmente o novo território.

Mas também houve aqueles que sobreviveram ao medo de ser rejeitados por uns e abandonados por outros. Pessoas como Clara, minha mãe e meu pai aprenderam a tolerar tanto a raiva de não se sentir bem-vindos pelos locais como a culpa por abandonar os imigrantes. Aprenderam a se defender sem contra-atacar os nativos e também sem trair os seus. Animaram-se a romper a corrente de repetição das premissas estabelecidas e inventaram, a partir de suas culturas fendidas, uma identidade cultural sincrética: a dos gaúcho-judeus argentinos. Essa complexidade construiu uma nova forma de ser. Falaram iídiche e castelhano: a língua dos pais e a da terra natal. Conheceram o som da balalaica e do violão, os lamentos das canções russas e das *vidalas* – canções populares argentinas. Cozinharam borche e empanadas. Amaram a solidariedade incondicional do ambiente familiar e a liberdade indômita da solidão pampeira. As palavras e o silêncio, as tradições e a criatividade, o velho e o novo, o conhecido e o desconhecido, a integração em um grupo e a existência como indivíduo único, a fé em Jeová e a fé na Pachamama, a mãe terra da lenda dos andinos. Assim se teceu a trama dessa identidade inédita.

Os gaúcho-judeus argentinos descobriram as vantagens de uma cultura compartilhada e tentaram demonstrar suas qualidades tanto aos nativos como a suas famílias. E conseguiram: foram aceitos pelos dois grupos. Com os anos, essa geração conseguiu que a novidade se transformasse em tradição. Eu, como outros descendentes destes inovadores, já nasci gaúcho-judia.

No entanto, houve um aspecto em que minha avó não permitiu que a identidade de suas filhas se diferenciasse ou se afastasse da dela. Se haviam nascido mulheres, eram fracas como ela e deviam sentir, pensar e agir como tal. Afinal, a partir de sua fraqueza minha avó conseguira quase tudo o que desejava: ela acreditava que a fraqueza definia e sempre definiria as mulheres.

Na época de meus avós, o forte, que sempre era o homem, gozava de privilégios outorgados pela sua condição. Pertencia-lhe o melhor pedaço de carne porque precisava estar em forma para trabalhar; na hora da sesta, quando se recuperava dos esforços, devia ser respeitado um silêncio sagrado; o ritual destinado ao alívio das tensões sexuais – que a esposa, em seu papel de orifício, devia estar sempre disposta a cumprir – era uma obrigação. Mas o forte também devia assumir as responsabilidades de sua condição: trabalhar com o objetivo de conseguir casa e alimento para ele e para toda a família; enfrentar os perigos sozinho, sem permitir que perturbassem a segurança familiar; não compartilhar seus medos ou suas inseguranças com a esposa, pois ela não estava preparada para suportar as dificuldades da vida.

A fraca, que era sempre a mulher, gozava dos privilégios de sua condição: desfrutar dos pequenos prazeres da vida doméstica sem se preocupar com o que acontecia do lado de fora; se livrar do peso inerente à obtenção do sustento familiar no mundo do trabalho; não ter de tomar decisões e, portanto, não correr o risco de errar; não se responsabilizar pelo seu destino nem o de sua família. Mas a fraca também pagava os custos de sua condição: não podia escolher como dispor de seu corpo, uma vez que sua sexualidade não lhe pertencia; não podia satisfazer seus desejos, quaisquer que fossem eles, porque não dispunha de recursos econômicos, sociais e emocionais. Não se sentia uma pessoa com direito a ter vida própria.

Minha avó almejava para as filhas um destino de mulheres bem-sucedidas a partir de sua condição de fracas. Queria que soubessem usar os recursos da astúcia – como sabem fazer aqueles que sobrevivem à opressão – e que tivessem um desempenho correto, cumprindo sem questionar os papéis de mães de família, donas-de-casa, esposas.

Como ela, meu avô acreditava que devia fazer o que lhe cabia. Ele assumia a responsabilidade de proteger a família, dando-lhe a melhor vida que pudesse. Para cumprir bem suas responsabilidades, tomava as decisões e evitava preocupar sua mulher com problemas para os quais não estava preparada. Ambos tinham consciência de que eram vítimas de perseguições compartilhadas: primeiro, os *pogroms* da sua Rússia natal; depois, as secas, a fome, as dificuldades de adaptação à nova terra. Minha avó lamentava a rigidez de critérios ou a limitação de horizontes do meu avô, mas não questionava suas ordens, pois se sentia protegida por elas. Se alguma lhe parecesse excessivamente intolerável ou contrária a seus desejos, sempre podia fingir que não a havia escutado ou entendido bem, ou desobedecê-la às escondidas. Assim, José sempre se sentiria respeitado como chefe de família. Era essa a felicidade matrimonial naquela época.

Minha avó achava que o marido, responsável por todas as decisões e pelos recursos que possibilitavam o atendimento de seus desejos, era potencialmente perigoso. Por ser o forte, poderia causar danos a ela e a seus filhos. Em contrapartida, como não tinha poder de decisão e vida própria – na condição de mulher fraca –, ela se via como uma pessoa inofensiva. Jamais imaginou que as dificuldades amorosas das filhas pudessem ter relação com sua maneira de exigir delas uma dedicação que beirava o sacrifício.

Quando nasceu Elisa, a mulher que mais tarde seria minha mãe, Rosa ficou chorando, sem saber o que fazer com aquele bebê em seus braços. Estava em uma terra distante, de idioma e costumes desconhecidos, não contava com a ajuda da mãe e nem mesmo da irmã que emigrara com ela, também casada com um homem que mal conhecia. Ainda tinha fome de mãe quando foi mãe pela primeira vez. Elisa se tornou mãe no mesmo instante em que aspirou sua primeira lufada de ar: nasceu para aplacar a solidão de Rosa, para preencher seu vazio, para lhe transmitir um afeto caloroso com seu corpinho terno. Imagino que assim que saiu ao mundo minha mãe compreendeu que sua sina seria cuidar, proteger, abraçar e alimentar todo aquele que a olhasse com fome de mãe.

Elisa se dedicou a cuidar dos outros: foi enfermeira de sua mãe, mãe de seus irmãos, cozinheira de seu pai e símbolo do lar para todos. Nem mesmo percebeu que recusara o pedido de casamento de um bom pretendente pelo fato de não sentir que tivesse o direito de ter uma família própria e cuidar dos próprios filhos. Segundo a maneira de amar que aprendera com a mãe – e também com o pai –, ela pertencia a quem precisasse dela.

Todos a viam como uma solteirona quando recebeu uma carta do homem que a amava e que continuou amando-a apesar de sua recusa. De uma casa situada a poucas quadras da sua, Marcos lhe escreveu:

Charata, 3 de setembro de 1930

Querida amiga Elisa:

Permita-me contradizer suas idéias a respeito do amor. Há em cada pessoa dois seres distintos, dois princípios diferentes, como diz a Bíblia, que lutam entre si. Não estão nitidamente separados; na verdade, às vezes se confundem e dão lugar a um produto híbrido que não é bom nem mau. Este novo ser, composto de duas partes, está apenas insinuado, e como possui características de um e de outro sem ter perfeitamente definidos nenhum dos dois, é de difícil compreensão. Não sei se me acompanha.

É precisamente a indecisão espiritual que provoca mais sofrimento.

Nem sempre conseguimos explicar-nos o que sentimos, e o resultado disso é uma batalha que termina abatendo o corpo e a alma.

Os homens são bons, Elisa, e não duvido que uma mulher como você seja capaz de fazer com que tanto ele como você sejam felizes na vida matrimonial. Não se deixe levar pelo pessimismo. Você é livre, livre, completamente livre para fazer sua escolha e ser feliz. Seu amigo que quer ser bom,

Marcos

Minhas tias, suas irmãs, dizem que Elisa não se casou com Marcos porque não o amava o bastante. Meus tios, seus irmãos, acham que ele não soube lutar por ela e romper sua dependência da família. Eu prefiro a explicação dada pela esposa de um de meus tios, a única pessoa da família que denunciou as manipulações de minha avó. Minha tia Clara achava que Rosa não era apenas fraca, mas também egoísta. Era mais interessada na satisfação de seus próprios desejos do que José, que era forte e podia usufruir de todos seus recursos, mas os usava para o bem-estar da família. Segundo Clara, José era tolo e facilmente manipulável.

Minha mãe, habituada a dar e a cuidar dos outros sem pedir nada em troca, nem chegou a considerar a possibilidade de mudar de posição na vida. Marcos lhe oferecia sua bondade, respeitava suas emoções e suas idéias, estimulava-a a pensar também em si e não apenas nos outros. Marcos parecia mais disposto a lhe dar que a lhe pedir amor. Elisa o rejeitou.

No entanto, minha mãe aceitou Luis, que lhe exigia que aplacasse sua maldade e perdoasse seus maus-tratos. Convincente como

Rosa em seus pedidos de cuidado, Luis era ainda mais hábil do que ela quando se tratava de manipular Elisa com sentimentos de pena e culpa. Em 24 de abril de 1934, poucos meses antes de se casar e sete anos antes do meu nascimento, meu futuro pai escrevia da mesma aldeia do norte argentino, em uma noite que exsudava aquele silêncio abafadiço e ensurdecedor (a poeira acumulada durante meses sem chuvas, as nuvens de gafanhotos devorando o algodão não colhido):

> Elisa, minha alma:
>
> Desde que saí de sua casa estou muito triste, neurastênico. Sinto uma opressão extremamente deprimente. Tenho medo. Preciso que você me sorria com esse sorriso que me faz esquecer tudo, mas não posso lhe pedir. Sofro tão intensamente que mesmo sabendo que estas palavras a magoarão não posso deixar de dizê-las. Perdoe-me, minha Elisa. São coisas tão íntimas, pensamentos tão ocultos, que sinto pudor só de pensá-los. Algum dia você saberá. Será que você pode compreender o martírio de se sentir com asas potentes e constatar que não podem ser agitadas? Escreva-me, me acalme e perdoe-me por ora e pelo que talvez tenha de sofrer depois. Faça que me passem logo estas idéias aloucadas e tormentosas.
>
> Luis

Luis não parecia amá-la, mas mostrava o quanto precisava dela. Conseguiu raptá-la do abraço materno sem ajudá-la a ser livre:

satisfazer as necessidades da mãe levou-a a suas imobilizadoras redes de demandas afetivas. Minha mãe se casou com o homem que superou minha avó em seus pedidos de atenção e cuidado quando as categorias de forte e fraca já não eram suficientes para definir homens e mulheres. Segundo a moda daquela época, as pessoas deviam escolher livremente quem e como queriam ser. O progresso chegara aos sentimentos e a modernidade exigia que todos agissem como sujeitos da própria história e tomassem decisões vitais baseando-se nas próprias convicções. Cada um devia se responsabilizar por si mesmo, escolhendo entre o bem e o mal; entre ser bom ou mau.

Minha mãe e meu pai aprenderam com seus pais que as mulheres eram fracas e os homens, fortes. Com seus contemporâneos, aprenderam que tanto as mulheres quanto os homens podiam e deviam escolher entre ser bons ou maus.

Na época de meus avós, os adjetivos forte e fraco, usados como atributos inerentes aos sexos, pareciam imutáveis. Na geração de meus pais, bom ou mau eram características adquiridas, decisões pessoais de homens e mulheres. Esses conceitos, que regeram as escolhas sentimentais de meus pais, não estabeleciam critérios religiosos ou morais, não julgavam nem enviavam ao céu ou ao inferno. Referiam-se à implementação dos desejos pessoais: bom era quem fazia o que o outro queria, e mau, quem fazia o que queria.

Os critérios ideológicos que decidiram o destino amoroso de meus pais – e, portanto, também o meu – diziam que ser bom, generoso, altruísta, abnegado, resignado e disposto a tolerar sofrimentos era para o bem de todos. Por sua vez, ser mau significava ser egoísta, narcisista, incapaz de sacrificar algo do que se desejava em benefício dos demais e estar disposto a usar todos seus recursos (incluindo aqueles das pessoas que o amavam) para a realização de seus próprios desejos.

Bom é quem tem sentimentos pessoais em relação aos outros, quem se conecta afetivamente com os demais. A manifestação máxima dessa qualidade é a capacidade de sacrifício, de entregar tudo o que lhe pertence (até a vida, se for necessário) por amor ao outro. O desejo máximo de uma pessoa boa é fazer o outro feliz satisfazendo todas suas necessidades.

Mau é quem não se comove, não se deixa levar pelas emoções, e, se for necessário, é capaz de cortar qualquer vínculo afetivo para atingir seus objetivos vitais e não sofrer. A manifestação máxima dessa qualidade é demonstrar uma total insensibilidade afetiva e um controle absoluto de si mesmo, para não deixar que as necessidades do outro interfiram nas próprias.

"Seu amigo que quer ser bom" – escrevera Marcos para expressar seu desejo de fazer minha mãe feliz; acreditava que fazer o que ela quisesse também o tornaria feliz. Meu pai, por sua vez, se sentia mau: sabia que abusava da bondade de minha mãe para satisfazer seus desejos sexuais e afetivos, e se perguntava por que não era feliz se fazia o que ele queria sem levar em conta o que ela desejava.

Na hipótese de que forte é quem tem recursos para defender seus desejos pessoais e mau quem faz o que quer, que fraco é quem não tem recursos para defender seus desejos pessoais e bom quem faz o que o outro quer, a conclusão parece acaciana: os fortes são maus, já que podem fazer o que querem, e os fracos são bons, já que só podem fazer o que os outros querem. Impregnada desde a infância por essas texturas afetivas, sempre me perguntei quem seria mais feliz. O mau ou o bom, o forte ou o fraco? O tolo ou o inteligente? Aquele que vê e sabe ou aquele que não vê e não sabe e nem quer saber?

Algumas mulheres da geração de minha mãe optaram por ser apenas fracas, como as mães: utilizaram estratégias de sobreviventes e se sentiram inquestionavelmente inocentes. Alguns homens da geração de meu pai escolheram ser apenas fortes como haviam sido os pais: se sentiram inquestionavelmente justificados para aproveitar os privilégios vinculados, até então, ao sexo considerado superior.

Outras mulheres, como minha mãe, e outros homens, como meu pai, ficaram parados entre dois paradigmas: o tradicional, o da mulher fraca e do homem forte, e o moderno, que outorgava a ambos a responsabilidade de serem bons ou maus. Estas pessoas sucumbiram ao conflito, mantendo-se afetivamente partidas durante toda sua vida. Alguns homens como meu pai sofreram por se sentir maus, mas não souberam ser bons; algumas mulheres como minha mãe sofreram por se sentir fracas, mas não conseguiram ser fortes.

Se minha mãe tivesse sido apenas fraca, poderia ter se casado com Marcos e conseguido dele tudo o que desejava por meio da manipulação. Mas se comportar como Rosa – a quem amava e cuja submissão lhe dava pena – a teria feito se sentir má por permitir, egoisticamente, que um marido bom cuidasse dela. Ao contrário de minha avó, que jamais se sentiu responsável por suas decisões nem avaliou suas atitudes emocionais de um ponto de vista ético, minha mãe questionou as suas desde muito pequena. Nunca responsabilizou outros por seus fracassos ou problemas. E muitas vezes, exagerando seu rigor ético, assumiu culpas alheias.

Em 25 de abril de 1934, Elisa respondeu a seu futuro marido:

Luis:

Você tem razão quando diz que sua carta me causará danos. Li-a muitas vezes e continuo sem compreendê-la. O que mais me causa sofrimento é o fato de que, sem compreendê-lo, não poderei aliviar sua dor. Você tem de reconhecer que é muito misterioso, pois não me revela a razão do seu sofrimento. Não entendo a que se refere sua frase "ter asas potentes e constatar que não podem ser agitadas". Constato que sou um desastre com as metáforas. Você acha que sofro menos ignorando as suas preocupações?

Tenho muita vergonha de não conseguir interpretá-lo. Talvez seja porque tenha cultivado demasiadamente minha própria alma e minha maneira de ser e isso impeça que veja mais longe e compreenda outra maneira de ser.

Não sei o que eu posso lhe perdoar. Não me sinto ofendida em nada. Quem se condena sou eu porque, possivelmente, é por alguma falha minha que acontece com você o que diz que lhe acontece. Peço-lhe, por favor, que me diga por que, senão vamos por um mau caminho. Não deve haver entre nós nada a ser ocultado. Devemos nos conhecer agora e nos surpreender-nos depois.

Espero que você pense em como é belo o nosso carinho e se acalme. Beijo-o com toda minha alma.

Elisa

Meu pai nunca teve idéias aloucadas e atormentadas. Ele e minha mãe padeceram um casamento de quarenta anos. Quando enviuvou, ela readotou o sobrenome do pai: resolveu abandonar para sempre sua identidade de mulher casada com o sobrenome do seu marido mau.

De acordo com os costumes morais da época em que as cartas foram escritas, os maridos deviam fazer suas maldades onde a sociedade lhes indicasse. A paixão e o afeto, o corpo e a alma, o amor de amar e o amor de querer circulavam por diferentes espaços no mundo de meus pais. Meu pai não gostava da hipocrisia do mundo dividido – que levava os homens a descarregar fora de casa a energia sexual que não era destinada à procriação para preservar as esposas dos baixos instintos de que eles padeciam por ser fortes –, mas não estava disposto a renunciar às vantagens oferecidas por esta dissociação. Sentia-se mal por não amar sua esposa com paixão, por não pensar nela como uma pessoa sensual e capaz de se apaixonar, mas tampouco aceitaria uma mulher com essas características para mãe de seus filhos. Ele queria se sentir bom, pensar nela generosamente. Como fazer isso sem correr o risco de deixá-la escolher se aceitava ser amada aos pedaços ou se desejava um amor mais completo?

Minha mãe tinha os olhos abertos para a alma; eles refletiam a candidez da espera e a honestidade da entrega. O olhar transmitia a certeza de quem confia. Era boa e acreditava no amor. Mas não tinha recursos para defender suas crenças dentro de casa e tinha raiva de ser fraca. Sentir raiva levava-a a se sentir má. Então, não sabia se era boa ou má.

Meu pai tinha os olhos abertos para o corpo; eles refletiam o ceticismo em seu peito, o perigo iminente. O olhar transmitia a certeza de quem desconfia. Era forte e acreditava no poder. Mas não era feliz impondo suas crenças dentro de casa e sentia culpa por ser mau. Sentir culpa o fazia se sentir fraco. Então, não sabia se era forte ou fraco.

Os filhos e as filhas de pessoas como meus pais, difíceis de ser enquadradas em categorias afetivas, herdaram suas incertezas emocionais.

2. Abraços cruzados

O desencontro amoroso que me originou fez com que eu crescesse me perguntando todos os dias qual dos meus progenitores eu devia imitar: devia ser como meu pai ou como minha mãe? A recordação de meu pai ensinando a coreografia do boxe a meu irmão e a mim enquanto as plantas do pátio da casa ressumavam o orvalho matutino das tórridas manhãs do Chaco da minha infância é tão convincente como a lembrança de minha mãe na cozinha da mesma casa, horas mais tarde, ensinando-nos a cozinhar para uma grande família. Eliminar ou recuperar; fazer desaparecer ou fazer crescer; pensar ou sentir; discordar ou consentir; ser forte ou boa: aprendizagens opostas que delinearam meu ser.

Em meus afetos, ainda hoje tenho dificuldade de me reconhecer filha de minha mãe e também de meu pai; é difícil me identificar, ao mesmo tempo e com a mesma intensidade, com o lado melhor de cada um deles. Ainda sinto que abandono mamãe se sou mais forte do que ela quando pareço com papai, ou que traio papai se sou melhor do que ele quando me pareço com mamãe. Ainda temo ficar sozinha – sem nenhum abraço – se decido não me parecer completamente com nenhum dos dois, se aceito minha estranha, ambígua, às vezes, confusa mistura da identidade de ambos. Ainda não sei como aplacar minha angústia quando preciso de mapas para entender quem amo e me fazer entender por eles, e me assusta a idéia de me perder se for além das coordenadas que orientavam meus pais. Eles morreram há muitos anos e já estou em idade de ser avó, mas as vontades e os desejos contraditórios de meus pais se misturam dentro de mim sem atingir uma harmonia feliz ou permanente. Sei que o mesmo acontece com meu irmão.

Ele e eu, como tantos outros de nossa geração, aprendemos a viver em dois mundos emocionais diferentes: o dos homens, habitado por nossos pais, e o das mulheres, habitado por nossas mães. Não havia cinza no universo dividido em dois em que crescemos.

Os pais-homens-poderosos reinavam no mundo do trabalho que existia fora de casa. O mundo doméstico transcorria dentro de casa e ali reinavam nossas mães-mulheres-amorosas.

As maneiras de pensar e sentir eram diferentes em cada pedaço, em cada território, em cada sexo. Nenhum deles respeitava as do outro, mas se tratavam como se fossem mutuamente necessários, mutuamente imprescindíveis. Os opostos se relacionavam confrontando-se: pareciam se completar na complementaridade.

Os olhares infantis de alguns homens e algumas mulheres de minha geração captaram a curiosidade não confessada e a inveja, muitas vezes transmutada em desprezo, com as quais nossos pais e mães se percebiam mutuamente. Intuíamos que nossos pais, supostos analfabetos emocionais, almejavam o carinho incondicional que nesses tempos os filhos só concediam às mães; imaginávamos que nossas mães, supostas analfabetas laborais, almejavam o respeito a suas opiniões e a suas idéias que naqueles tempos os filhos destinavam apenas aos pais.

Mulheres como eu aprenderam a se sentir atraídas pelos vertiginosos sons de liberdade, paixão e mistério que chegavam do lado de fora. Não nos conformava escutá-los de longe, como sabíamos que aconteceria se continuássemos vivendo como nossas mães, presas às tarefas domésticas. Fascinavam-nos o áspero mistério e a força avassaladora do mundo dos pais.

Homens como meu irmão aprenderam a se sentir atraídos pelas intimidades sussurradas e os perfumes da ternura que vinham de dentro. Não se conformavam em cheirá-los de longe, como sabiam que aconteceria se continuassem vivendo como nossos pais, presos à tarefa de acumular dinheiro. Fascinava-os a tranqüilizadora familiaridade e a proteção bondosa do mundo das mães.

Sabíamos que cada um de nossos progenitores sofria por precisar do outro: os pais por necessitar de suas esposas para ter acesso à inclusão familiar e aos afetos amorosos; às mães, por precisar de seus maridos para ter acesso à inclusão e ao poder social. Sabíamos (eles haviam se encarregado de nos fazer saber) que cada um desejava se libertar do outro. Convencidos de que a única forma de obter a liberdade (eles, a emocional; elas, a econômica) consistia em dispor dos recursos do outro, algumas mães estimularam suas filhas a desejar ser como os pais; alguns pais inculcaram em seus filhos o desejo de ser como as mães.

Fomos tratadas como se desejassem que nossos irmãos, apesar de serem homens, fossem bons, qualidade usada quase como sinônimo de feminino. Fomos tratadas como se desejassem que nós, apesar de sermos mulheres, fôssemos fortes, qualidade usada quase como sinônimo de masculino. Nossas mães não puderam ser fortes nem nossos pais bons, mas elas semearam nas filhas e eles nos filhos a semente do desejo de aprender a viver como viviam os habitantes do outro mundo.

Algumas mães e alguns pais participaram ativamente do processo de atração de seus filhos do sexo oposto para seus próprios territórios, seus próprios modos de vida, suas próprias formas de pensar e sentir. Assim, algumas mulheres e alguns homens da minha geração aprenderam, com rapidez e eficiência, a falar a linguagem do progenitor do sexo oposto ao seu.

Elisa, minha mãe, me incentivou a abandonar seus modos de viver e aprender os de meu pai: "Você tem de se autoprover, para poder escolher o marido que quiser. Não deve se sentir obrigada a manter um casamento só porque não pode se alimentar nem alimentar seus filhos." Como muitas mulheres de sua geração, queria que eu fosse mais livre do que ela: isto é, mais forte. Eu desejava reabilitar sua dignidade, ultrajada pelas arbitrariedades afetivas de meu pai, mas temia me contagiar com sua fraqueza e não poder gozar como ele da liberdade de movimentos que me permitiria satisfazer meus desejos pessoais sem pedir permissão.

Ao mesmo tempo, minha mãe insistiu que fosse tão boa como ela, porque assim eram e deviam sempre ser as mulheres. Ao fim e ao cabo, a partir de sua bondade ela conseguira ser muito amada – mais que seu marido – por seus filhos, sua família e todas as pessoas a quem destinou seus cuidados. É certo: não conseguiu que homem algum a amasse apaixonadamente, mas tampouco tivera muito interesse nesse tipo de amor. Ser mãe fora tão importante que acabou sendo, inclusive, de seu próprio marido. Só desejava que as filhas escolhessem melhor o homem com quem seriam boas.

Por ser apenas uma mulher, meu pai não me temia, não me via como uma futura adversária, e me permitiu aprender todos seus segredos de combate, generosidade que não estava presente em sua relação com meu irmão. Minha mãe desejava que eu não fosse tão fraca como ela, e por isso seu abraço consistiu em me empurrar para fora, em me afastar de seu território feminino. Ninguém percebeu que esse modo de me incentivar a ser mais forte do que ela também me afastava de sua maneira de ser boa.

Por sua vez, Luis, meu pai, incentivava meu irmão a desenvolver outras contradições: "O que torna um homem valioso é sua sensibilidade, sua capacidade de se comover, de se emocionar, de saborear as palavras." Suas palavras, distantes de seus atos, mostraram a meu irmão que existia uma vida diferente. E assim também meu irmão cumpriu uma missão migratória: não quis viver em uma guerra permanente, não quis agir como se tivesse direitos naturais sobre sua companheira, não ambicionou competir com outros homens pelo poder. Preferiu amar uma mulher que também pudesse admirar. Antes já havia entrado no mundo doméstico de mamãe e questionado a maneira de papai exercer seu papel de chefe de família.

E uma vez que meu irmão não confrontava mamãe como eu fazia querendo me diferenciar dela, pôde aprender todos os matizes de sua ternura e de sua sensibilidade. Ninguém percebeu que essa forma de não ser mau como papai também o afastava de seu modelo de força.

No mundo de papai, mandava o amor ao poder; no de mamãe, o poder do amor. As regras que regiam a esfera pública eram exatamente opostas às que regiam a esfera privada. As habilidades requeridas para triunfar em cada mundo eram mutuamente excludentes. Os sistemas de prêmios e castigos eram tão antagônicos que a vitória em um mundo era contabilizada como derrota no outro, e vice-versa.

Algumas mulheres e alguns homens de minha geração aprenderam que no mundo do amor ganhava quem amava mais e se mostrava mais generoso, quem dava mais, quem se integrava a um todo maior. Ganhava quem estendia os limites de sua individualidade até se esquecer de si, perder-se no outro, fundir-se em um abraço nirvânico. A fórmula mágica era: "O outro é mais importante do que eu; ganho ao amá-lo e desaparecer com ele." A epifania quase religiosa que sobrevinha quando a pessoa se sentia inundada de bondade e de gratidão em relação ao outro era o momento culminante deste caminho amoroso. Sua palavra-chave era *dar*.

Por meio de seu exemplo, nossas mães nos ensinavam que a auto-estima afetiva era medida em graus de generosidade, dependia da capacidade de se dar por completo, de comprazer ao outro até o sacrifício. No mundo comunitário doméstico, a resignação passiva fazia parte do caminho para uma relação bem-sucedida. Algumas de nossas mães se esforçaram para ser boníssimas, as melhores. Não suspeitavam sequer de que essa forma de vínculo poderia escravizar os homens e fazê-los se sentir estrangeiros, quase párias sem direitos, ao excluí-los do amor suave e doméstico em que elas reinavam.

No mundo do poder ganhava quem era mais amado, quem recebia mais do que entregava, quem sabia levar mais vantagem. Ganhava quem conseguia que seu eu definisse o *nós*, quem estendia os limites de sua individualidade até se esquecer do outro e transformá-lo em um apêndice, até conseguir que o companheiro quisesse se fundir nele até desaparecer. A fórmula mágica era: "Eu sou mais importante do que o outro, ganho quando ele me ama e se entrega a mim". O sentimento de triunfo sobre as vontades alheias, levado até o ponto da submissão, era o momento culminante deste caminho amoroso; sua palavra-chave era *tomar*.

Por intermédio de seu exemplo, nossos pais nos ensinavam que a auto-estima afetiva era medida em graus de egoísmo, dependia da capacidade de cada um esgotar os próprios desejos até a última gota, extraindo do outro, para consegui-lo, o máximo possível. Ser duro, agressivo, avassalador fazia parte das habilidades para conquistar melhor o "pão nosso de cada dia." No mundo do trabalho, a arrogância ativa fazia parte da competência, integrava o caminho em direção ao êxito da força. Alguns de nossos pais se esforçaram para ser fortes, fortíssimos. Nem suspeitavam sequer que a força podia ser uma forma de escravizar as mulheres e fazê-las se sentir estrangeiras, quase párias sem direitos, no mundo de paixão e força em que nossos pais reinavam.

No mundo do amor era necessária a paciência do agricultor. Era preciso saber estar, esperar, atender e confiar no processo de crescimento. O tempo circular da colheita, ritualístico e repetitivo, deixava raízes.

No mundo do poder era necessária a agilidade do caçador. Era preciso saber se mover, procurar a melhor oportunidade, espreitar em estado de alerta e atacar uma boa presa diante da menor suspeita de que pudesse escapar. O tempo do caçador, aberto e imprevisível, encarnava o nômade.

No mundo do amor, a admiração pelo outro marcava os passos a seguir: conservá-lo (a qualquer preço) era a forma de ganhar. No mundo do poder, o desprezo pelo outro definia o caminho: eliminá-lo (a qualquer preço) era a forma de ganhar.

No mundo do amor se defendia a ternura e as convenções morais, se respeitava as tradições sociais e as responsabilidades formais. No mundo do poder se valorizavam a paixão e a originalidade individual, se respeitavam a criatividade pessoal e as necessidades imediatas.

Algumas mulheres e alguns homens de minha geração – que também é a do meu irmão – quiseram cruzar as fronteiras emocionais para melhorar suas vidas e ampliar seus horizontes. As mulheres procuraram se definir como pessoas inteiras, seres humanos completos. Quiseram habitar o território público do dinheiro e das gratificações profissionais. O mundo do poder lhes parecia exótico e fascinante, ao contrário do doméstico que conhecíamos até o tédio, excessivamente calmo como nos ensinavam nossas mães fracas e dependentes. Nossos irmãos queriam chegar ao território íntimo das sutilezas afetivas. Para eles, o mundo do amor era exótico e fascinante, distante dos perigos conhecidos das caçadas, excitantes e também descomedidas, para onde eram empurrados por nossos pais maus e autoritários. Meu irmão e eu tivemos um aprendizado cruzado. Aprendi as regras do jogo do poder antes de saber que o dicionário define assim essa palavra: "a capacidade, a força para fazer, autorizar, mandar e dispor de algo ou de alguém". Aprendi a ser forte, quase uma boxeadora na vida. Meu irmão aprendeu as regras do jogo do amor – "o sentimento que move para algo ou alguém e a atitude de condescendência, cuidado, benevolência em relação aos outros" – e por isso foi bom, quase uma canção de ninar. Ainda hoje suas manifestações afetivas são mais espontâneas, mais diretas do que as minhas, e molda as bordas da empanada gaúcho-judia melhor do que eu. Ainda hoje, meus ataques são mais efetivos, mais contundentes, e sou mais taxativa do que ele em minhas decisões. Ambos aprendemos a falar a linguagem do mundo ao qual chegamos por meio de nossa migração. Esses ensinamentos cruzados nos transformaram em pessoas mais completas e também mais complexas do que nossos pais. Meu irmão aprendeu a sentir e eu a pensar.

 O processo migratório do território doméstico ao profissional foi longo e difícil para algumas mulheres de minha geração, como ilustram muitas de nossas histórias.

 Fomos criticadas por algumas companheiras de geração que se aferraram às tradições domésticas e defenderam com unhas e dentes as velhas formas de ser mulher. Recusavam-se a abandonar o sagrado recinto caseiro e pregavam as vantagens das emoções "femininas" e do domínio perfeito das sutilezas da linguagem do amor. Acusaram-nos de ser ambiciosas, de abandoná-las e traí-las: parecíamos homens.

Também sofremos as críticas de alguns companheiros de geração que se aferraram às tradições do mundo do trabalho e defenderam com unhas e dentes as velhas formas de ser homem. Negaram-se a nos deixar entrar no privilegiado recinto econômico, sublinharam as dificuldades que as mulheres teriam para entender a complexidade dos sofisticados pensamentos "masculinos", garantiram que elas nunca dominariam o vocabulário da linguagem do poder. Seriam sempre mulheres.

Não nos encaixávamos no grupo das mulheres donas-de-casa, mas tampouco nos encaixávamos no dos profissionais machos. Não nos encaixávamos, não tínhamos, não éramos. Sentíamo-nos acusadas de ser demasiadamente masculinas e pretender trabalhar como homens tanto como de ser demasiadamente femininas e permitir que os sentimentos interferissem em nossas atividades profissionais. Também nos sentíamos pouco "femininas": não dedicávamos tempo suficiente a nossa aparência, aos cuidados com o marido e os filhos, ao atendimento dos pequenos detalhes da vida cotidiana. Mas também nos sentíamos pouco "masculinas": não podíamos dar ordens, nem exigir dos outros, nem agredir ou nos defender das agressões sem chorar. Nosso desejo de viver uma vida completa nos conduzira por caminhos em que muitas vezes nos sentimos meias pessoas, metades de pessoas, pessoas divididas em metades.

Algumas mulheres não toleraram as ambiguidades sofridas durante o processo migratório nem as dificuldades das contradições entre sentimentos e pensamentos e nem as complexidades dos paradoxos emocionais e intelectuais. Preferiram adotar por completo as formas de trabalho "masculinas": se apropriaram do poder e de todos seus atributos, escolheram ser simplesmente profissionais. Assimilaram por completo a nova forma de viver. Deixaram de ser donas-de-casa e renunciaram a se definir a partir de seu papel de mães ou esposas. Mudaram de hábitos, de roupa, de mentalidade, de forma de sentir. Para se defender dos ataques de colegas machos, renegaram o passado feminino e esqueceram os saberes femininos aprendidos com suas mães.

Mas, assim como a forma de ser gaúcho-judia foi satisfatória e enriquecedora para minha mãe e algumas mulheres de sua geração, algumas da minha conseguiram romper a dicotomia: criaram uma identidade profissional complexa. A forma como foram mulheres profissionais iniciou uma reconstrução, espontânea e feliz, do mundo dos sentimentos relacionados ao trabalho: souberam ser fortes como seus pais e boas como suas mães, e isso ao mesmo tempo e com a mesma intensidade.

E pudemos exercer esta inovadora maneira de ser graças a homens que, como meu irmão, começavam a ser bons como nossas mães, sem deixar de ser fortes como nossos pais: eles nos aceitaram em seus territórios profissionais.

Nos anos 1960, os homens profissionais e as mulheres recém-chegadas não se conheciam, temiam uns aos outros e nutriam uma desconfiança mútua. Para superar a indefinição e construir uma forma inédita de ser, sentir e pensar, tanto eles como elas tiveram de aprender a discriminar, a discernir. Precisaram aprender a se decodificar, a se traduzir. Eles tiveram de distinguir quando sentiam emoções "femininas" e quando lhes convinha aprender a usá-las como fonte de informação fundamental nas formas intuitivas de pensar, que até então desconheciam. Nós precisamos distinguir quando se negavam teimosamente a compartilhar o poder e quando, ao contrário, simplesmente nos indicavam que uma idéia nossa estava equivocada. Eles e nós tivemos de aprender a distinguir quando e como confiar no outro e quando nos defender. Quando e como falar em uma ou outra linguagem, a do poder e a do amor. Quando e como reconhecer que não entendíamos a palavra que o outro usava; quando e como nos animarmos a perguntar, nós superando o temor de ser atacadas por eles, e eles, o de ser rejeitados por nós.

Alguns homens aprenderam que, às vezes, nós dizíamos "eu sinto" quando queríamos dizer "eu penso". Aprenderam a valorizar nossas formas, aparentemente desorganizadas, de tratar com eficiência de vários assuntos ao mesmo tempo. Observaram nossos modos de trazer informações subjetivas ao processo de tomada de decisões objetivas e souberam distinguir quando eram inoperantes e quando mais eficazes do que as suas. Nós também aprendemos com eles e nos animamos a adotar conceitos tais como justiça na tomada subjetiva de decisões. Construímos juntos uma nova linguagem compartilhada, um código que nos permitiu nos traduzir e nos entender mutuamente, além de nos enriquecer no terreno profissional.

Algumas mulheres defenderam o bastião do mundo do poder; outras adotaram por completo a ideologia do amor. Mas um terceiro grupo tentou uma visão alternativa: não queríamos assimilar por completo o estilo de vida que nos era ensinado pela cultura do trabalho masculino e, ao mesmo tempo, rejeitávamos a idéia de viver presas à cultura feminina doméstica. Pensávamos, sentíamos e agíamos de uma forma diferente tanto das maneiras de pensar, sentir e agir das mulheres que se definiam como donas-de-casa como da dos homens que se definiam como profissionais. Adotamos outro nome, constituímos uma categoria feminina aceita e legítima: a das mulheres-profissionais.

Hoje sei que não sou "rara" porque trabalho: não me afasto de minha mãe quando ganho dinheiro usando algum dos recursos afetivos que ela usava em sua condição de dona-de-casa, nem traio meu pai quando consigo ser mais querida do que ele usando alguns dos recursos intelectuais que ele impunha em sua condição de profissional.

Quando me falam do meu sorriso, do meu olhar, da calma e da paz que transmito, sei que estão se referindo a minha mãe: reconheço sua presença de *curandeira* em cada um de meus gestos de psicóloga. Uma panela fumegante ocupa o centro do espaço no imaginário brasão de armas com que me represento profissionalmente. Minha mãe, já morta, mas mais viva do que nunca em mim, me impele a fornecer alimentos genuínos, limpos, nutritivos e às vezes exageradamente abundantes a quem me pede. Transformo suas receitas culinárias em conceituais e uso um vocabulário que aprendi primeiro com meu pai e depois em minha profissão. E quando me falam de meu entusiasmo intelectual, reconheço a paixão às vezes dogmática de meu pai. Já morto, mas mais vivo do que nunca em mim, ele me impele a defender minhas idéias com veemência, com uma valentia talvez exageradamente desafiadora.

Sinto-me herdeira de ambos em minha forma de ser mulher-profissional. Reconheço-me tanto filha de minha mãe como de meu pai: dela herdei a sabedoria e o senso comum, dele a inteligência e a curiosidade intelectual. Durante anos agi equivocadamente, como se Atena só tivesse sido filha de Zeus, como se minha eficácia profissional só repousasse naquilo que meu pai me deu. No entanto, com o tempo recordei que a deusa da inteligência guerreira havia sido engendrada no ventre de Métis, a prudência, e que ali havia se nutrido antes que o deus poderoso, sentindo-se ameaçado pela profundidade com que a alma desta deusa entendia o mundo, engolisse de um só bocado a mãe e a filha por nascer.

Às vezes penso que só formalizei ou legalizei a maneira intuitiva de minha mãe trabalhar. Os amigos, os vizinhos e os parentes consultavam-na o tempo todo, querendo que os ajudasse com suas angústias, suas dúvidas e seus problemas. Pediam que curasse seu empanzinamento massageando a pele de suas costas, uma prática que aprendera com as índias que viviam no Chaco, cujos filhos mais tarde eu ensinaria a escrever; solicitavam que tranqüilizasse as mulheres sobre o futuro sentimental e os homens sobre o profissional, que relativizasse o tamanho das preocupações, que adivinhasse os resultados de uma prova, um negócio ou uma viagem. Embora as consultas que me chegam sejam um pouco diferentes e eu receba dinheiro, além de gratidão, por meus conselhos, minha maneira de ser no mundo e no tempo lembra muito a de minha mãe, assim como minhas fontes de alegria e de preocupação. Também sei que faço este livro e fiz outros porque meu pai me transmitiu a curiosidade pela palavra escrita, sei que falo inglês porque meu pai me obrigou a continuar estudando, sei que as grandes cidades não me assustam – como quando era menina e visitava Buenos Aires, desprotegida ao lado da minha mãe camponesa – porque ele me ensinou o prazer de viajar.

Quis habitar ao mesmo tempo o mundo do amor da minha mãe e o do poder do meu pai. Quis ser ao mesmo tempo boa e forte. E, na minha vida profissional, consegui.

Mas me é muito mais difícil e doloroso tentar conciliar o desejo de ser querida com ternura herdado de minha mãe e o desejo de ser respeitada com paixão herdado de meu pai. Cometi muito mais equívocos e feri muito mais pessoas nesse processo.

Minha maneira de habitar o território das relações familiares não foi complexa, mas confusa: não foi ampla, mas ambígua; não foi paradoxal, mas contraditória. No mundo do amor, minha forma de ser não se comparou à abnegação, à resignada e desmedida bondade do abraço amoroso de minha mãe. Meu abraço, como o de outras mulheres de minha geração, consistia em um combate que enfrenta as individualidades, aprendido com nossos pais. Muitas de nós souberam que eram mais fortes do que suas mães, mas também acreditaram que não eram tão boas como elas.

Também foi confusa, ambígua e contraditória a maneira que homens como meu irmão encontraram para viver no território profissional. No mundo do poder, eles se sentiram fracos: suas formas de lutar não se equiparavam à violenta, decidida e provocadora força do abraço poderoso de homens como meu pai. Como conheciam o abraço suave que dissolve as individualidades, aprendido com suas mães, se transformaram em pessoas que mulheres como eu, que já não parecíamos assim, não reconhecíamos como homens aptos a despertarem nossa paixão.

Dentro de casa, mulheres como eu e homens como meu irmão não souberam conjugar as linguagem do amor e do poder.

Sabíamos que éramos destinatários de dois abraços; nós, do abraço que desprezávamos, o das mães, e o que temíamos, o dos pais; eles, do abraço que rejeitavam, o dos pais, e o que idealizavam, o das mães. Afetivamente, elas e nós éramos ninguém, éramos nada; nem masculinos ou masculinas, nem femininas ou femininos. Desprezávamo-nos e temíamo-nos mutuamente, nos rejeitávamos e nos idealizávamos ao mesmo tempo e com a mesma intensidade.

Aqueles pais e aquelas mães que tinham nos forçado a incursionar no território do progenitor do sexo oposto, depois fizeram com que nos sentíssemos estrangeiros dentro do próprio. As mães falavam de "tua filha" para se referir a nós, pois acreditavam que éramos bastante diferentes delas, havíamos ficado muito fortes. Os pais falavam de "teu filho" para se referir a nossos irmãos, bastante diferentes deles, muito bons.

Nenhum de nós, nem as mulheres nem os homens de minha geração, souberam os passos das danças do relacionamento amoroso.

Em certas ocasiões, algumas mulheres constataram sua incompetência, mas acharam insuportável a falácia de sua expressão favorita: querer é poder. Negaram-se a reconhecer seus erros, e os perpetuaram na memória afetiva de suas filhas e filhos.

3. Amores liberais

Cada vez que reconto minha história amorosa recordo os versos que Chico Buarque escreveu a partir de uma canção infantil brasileira. Sua versão:

O primeiro me chegou
Como quem vem do florista
Trouxe um bicho de pelúcia
Trouxe um broche de ametista
Me contou suas viagens
E as vantagens que ele tinha
Me mostrou o seu relógio
Me chamava de rainha
Me encontrou tão desarmada
Que tocou meu coração,
Mas não me negava nada
E assustada eu disse não.

Meu primeiro pretendente me ofereceu compartilhar o mundo do poder. Mario era cinco anos mais velho, culto – fora educado em bons colégios bilíngues –, esportista, trabalhador e com um futuro promissor no mundo empresarial. Sem dúvida, um bom partido.

No começo da década de 1960, eu ainda não completara meus estudos universitários e o dinheiro que ganhava trabalhando mal dava para pagar as sessões de psicanálise imprescindíveis ao meu treinamento profissional. Não tinha independência econômica. Permitir que cuidasse de mim uma pessoa forte que agia como se pensasse em mim parecia uma oportunidade vital e única. Não me negaria nada, desde que eu não abrisse a porta da jaula de ouro que me oferecia como casa, da qual ele teria a única chave.

Mario me estimulava a estudar e festejava minhas boas notas, desde que os livros não me impedissem de ir ao cabeleireiro ou de brilhar, impecavelmente vestida, diante de seus amigos estrangeiros. Meu trabalho era cuidar dele. Meu tempo pessoal era pautado por suas necessidades. Ele queria, logicamente, que eu aprendesse idiomas, freqüentasse aulas de dança moderna, fizesse cursos de arte. Mario queria uma mulher *completa* ao seu lado. Uma boa dona-de-casa, uma mulher sexualmente madura, uma parceira intelectual. O que mais eu poderia querer? Poderia fazer tudo, desde que aceitasse ser uma esposa.

Deveria lhe ceder o protagonismo, controlar a necessidade imperiosa de mostrar minha força. Podia ameaçá-lo dissimuladamente, exigindo mais vitórias financeiras, comparando-o com homens mais poderosos, desprezando-o se não fosse suficientemente forte. Devia ajudá-lo a melhorar de nível no competitivo jogo masculino, criticando-o de maneira velada, sem enfrentá-lo.

Oferecia-me ser a grande mulher atrás de um futuro grande homem. Publicamente deveria desempenhar meu papel de fraca, mas na intimidade nós dois saberíamos que eu também era forte, não apenas como mãe – o caso das mulheres da geração anterior –, mas também como esposa. Mario achava que era bom e pensava que sua proposta de vida em comum era democrática e igualitária. Precisava de mim ao seu lado no mundo dos homens: minha presença de mulher profissional, hábil tanto com a cabeça como com o coração, fortaleceria sua posição de homem forte. Se estava disposto a ter uma relação com uma pessoa assim, devia ser mais do que poderoso: devia ser inteligente. Sua única condição era a de que eu colocasse minha força a seu serviço, sob sua orientação, ficando na retaguarda conjugal. Se seguisse suas diretrizes, seríamos juntos os melhores e venceríamos no mundo do poder.

Pedia-me que assumisse sua assessoria pessoal em assuntos sociais, que usasse meus conhecimentos de psicologia para ajudá-lo a desenvolver estratégias afetivas que ele aplicaria no mundo público. Respeitaria minha capacidade de sedução social desde que estivesse a serviço de suas atividades comerciais, contribuindo para a criação de uma boa imagem. Não era um acordo ruim, já que meu salário dependeria de meus méritos: quanto melhor propagasse suas qualidades, quanto mais contribuísse para colocá-lo em uma posição vitoriosa no competitivo mercado masculino, melhor estaríamos os dois.

Neste jogo duplo de dar e oferecer, eu tinha o papel de sua admiradora passional, a mais fiel espectadora de suas façanhas sociais, uma crítica exigente difícil de ser convencida. Como inimiga cobiçada a vencer – meu papel íntimo –, o fazia se sentir potente por seduzir uma presa difícil de ser caçada: ele usaria esse poder em novas conquistas sociais, profissionais, públicas. Minha tarefa em seu desempenho pessoal seria fazê-lo sentir o prazer de me vencer: disfarçar-me de má para introduzir o erotismo do perigo na intimidade do casal. Mas eu só podia jogar esse jogo quando ele me pedisse; o resto do tempo devia confirmar que era fraca, dependente, domesticada.

Era uma versão de casal semelhante ao da minha avó. Eu estava autorizada a ser maliciosa, a manipulá-lo para conseguir meus objetivos. Isso constituiria uma demonstração secreta de minha dependência. Sua generosidade ratificaria sua força, minha humildade garantiria minha bondade.

Assustada, disse não.

Assustada, na verdade, comigo mesma.

Temia me ver cheia de impulsos selvagens e descontrolados se soltasse as rédeas de meus desejos. Amedrontava-me parecer pouco feminina se exibisse toda a minha força. Temia não saber fingir e me comportar hipocritamente como uma mulherzinha. Sabia que não dispunha do único recurso defensivo permitido à mulher-que-tem-de-esconder-que-é-forte-se-quer-se-casar-com-um-homem-forte: as manipulações afetivas. Minha mãe, demasiadamente honesta e exigente com ela mesma, não aceitara aprender aquelas técnicas usadas sem arrependimentos por sua mãe; de minha parte, estava demasiado irritada com minha avó – que roubava a atenção de minha mãe – para sequer pensar em imitá-la.

Temia não saber jogar o jogo que Mario me propunha e acabar perdendo: fazer o que ele queria acreditando que fazia o que eu queria. Não me sentia suficientemente boa para ganhar usando as regras do jogo do amor (satisfazer e obedecer a todos os seus desejos) nem suficientemente forte para ganhar usando as regras do jogo do poder (exigir que ele respeitasse minhas vontades).

Fingir que era fraca me parecia tão humilhante e falso como fazer-me de boa. Pensava que as duas estratégias tendiam a apaziguar o bando inimigo, mas nenhuma levava em conta a batalha pela igualdade em relação ao homem. As duas atitudes pressupunham não questionar o sexo forte como único dono do poder social e econômico.

Não quis dançar essas coreografias amorosas. Mario e eu não formávamos um bom casal. Nossos interesses vitais eram incompatíveis. Ele desejava uma mulher que eu não era, eu desejava um homem que ele não era. Ele me propunha que celebrássemos juntos suas vitórias no mundo do poder, eu almejava a liberdade de lutar nele minhas próprias batalhas. Não fazíamos parte da mesma cena, nossos papéis no casal não eram compatíveis nem complementares. Precisávamos de outros companheiros para agir como cada um desejava.

Poucos meses depois dessa descoberta, apareceu em minha vida Jorge, um homem-que-queria-ser-bom e me oferecia compartilhar o mundo do amor. Seu mundo. Nosso encontro se deu em uma praia; ambos estávamos de férias, com os namoros recém-rompidos, mal tínhamos completado 20 anos, éramos profissionais flamejantes. Uma noite, a magia do verão nos envolveu: contamos as estrelas com beijos, como manda a canção.

Sentia-me dona de meus desejos, cheia de vida, capaz de dirigir meu olhar a novos horizontes, novas pessoas. Achava-me livre, e em função dessa liberdade de escolha lhe expliquei que não aceitava seu amor nem queria amá-lo: "Acabo de recuperar minha cabeça, não quero voltar a entregá-la a ninguém. Quero ser eu", recordo que lhe disse em tom desafiador.

Uma amiga meio guru, que volta e meia me presenteava com uma daquelas frases que põem palavras em sentimentos indecifráveis, me disse: "A mulher olha o homem, o homem olha Deus. Por isso o homem e a mulher não se olham entre eles. Não se vêem." Pois bem: naquele momento eu não queria olhar Deus através dos olhos de um homem. Queria vê-lo com os meus próprios.

Jorge me oferecia o mesmo amor incondicional que meu irmão aprendera com minha mãe. Não quis machucá-lo, não quis usá-lo para realizar meus desejos. Temia que ele fosse incapaz de oferecer resistência e não desejava ser mais forte do que ele. Tive medo de mim.

Assustada, disse não.

Uma pessoa forte não me servia porque me sentia sua vítima. Uma boa não me servia porque me sentia seu algoz.

Havia ficado presa entre dois paradigmas afetivos: o tradicional, que havia aprendido com minha mãe, que me ensinava as vantagens de habitar o mundo do amor sendo boa; e o moderno, que havia aprendido com meu pai e compartilhava com alguns de meus contemporâneos e me ensinava as vantagens de habitar o mundo do poder sendo forte.

Não conseguia sair da minha nebulosa emocional. Rejeitava o cárcere de ouro em que me achava prisioneira de um homem-pai, rejeitava encarcerar um homem-irmão. Queria ser livre, mas não má: abrir minhas asas sem destruir o homem em meu vôo, como pensava que meu pai fizera com minha mãe. Sabia-me forte e desejava encontrar um homem bom, mas temia que isso implicasse mudar de cidadania e transplantar nossas identidades: temia que o homem fosse o elemento feminino e eu o masculino do casal. Sentia-me afetivamente tão confusa que preferi renunciar à dança do relacionamento amoroso e rejeitei Jorge da mesma forma como minha mãe rejeitara Marcos muitos anos antes.

Pouco tempo depois apareceu outro homem em minha vida. A canção de Chico Buarque continua:

> *O segundo me chegou*
> *Como quem chega do bar*
> *Trouxe um litro de aguardente*
> *Tão amarga de tragar*
> *Indagou o meu passado*
> *E cheirou minha comida*

> *Vasculhou minha gaveta*
> *Me chamava de perdida*
> *Me encontrou tão desarmada*
> *Que arranhou meu coração*
> *Mas não me entregava nada*
> *E assustada eu disse não.*

Em minha versão, no entanto, disse sim. Casei-me e vivi com Omar, o pai de minhas filhas, durante vinte anos. No nosso primeiro encontro ele me deu de presente *O segundo sexo*, de Simone de Beauvoir. Escreveu a seguinte dedicatória: "Amar-se não é se olhar nos olhos; é olhar juntos o mundo." Com o livro, chave da identidade feminina contemporânea, veio a proposta arrogante de recriar com ele a relação que Beauvoir tivera com Jean-Paul Sartre. Em um ato intrépido (e desorientado) de onipotência, aceitei.

"Nascemos e morremos sós. A vida é amarga, a realidade é dura. Somos todos inimigos. Cada consciência procura a morte da outra", me dizia, parafraseando Sartre, que parafraseava Karl Marx, que parafraseava Hegel. Omar me ensinava o novo dogma, a verdade do existencialismo revelado.

Segundo essas teorias, eu caíra nas redes retrógradas das relações afetivas burguesas: esperava-me um noivo que cuidaria de mim para sempre desde que eu não saísse da jaula de ouro em que me teria protegida (ou encerrada, conforme o olhar). Por outro lado, Omar não me oferecia nada mais, mas nada menos do que a liberdade. Não me tentava com promessas de lar ou de futuro, mas me dizia sua verdade: "Ninguém é de ninguém. O amor é uma mentira que a sociedade inventou para nos controlar e domesticar. Eu a protegerei dos que querem aprisioná-la. Seja tão inteligente como puder, voe tanto quanto queira. Tome o que quiser do mundo."

Este homem, que jogava pôquer e apostava em corridas de cavalo, que sabia a *Ilíada* de cor e recitava as canções de Georges Brassens, que estudava filosofia e ganhava a vida dirigindo um táxi nas ruas de Buenos Aires, me explicou que eu não era má por querer ser forte: era vítima de um sistema cultural opressor. Segundo suas palavras, só havia defendido minha identidade, embora ainda não soubesse do que se tratava.

Disse-me que com Mario eu havia cumprido o papel de princesa, personagem favorito, mas inconseqüente, do reino do patriarcado: era compreensível que o tivesse rejeitado. Eu devia escolher minha própria forma de ser. Ele me incentivava a ser mulher-pessoa, embora a pessoa-Susana avassalasse a mulher-Susana. Pela primeira vez em minha vida senti que alguém me entendia, me traduzia, me decifrava. Estava disposta a pagar qualquer preço para gozar dessa emoção por mais tempo.

Omar me abriu as portas do mundo e me disse que não devíamos deixar o tempo se perder – eram essas suas palavras – olhando-nos entre a gente. Convidou-me a ver juntos toda a humanidade.

Em um gesto de gratidão pelo que me ensinava, nos primeiros dias de nossa relação lhe dei de presente um coelhinho de pelúcia. Olhou com asco aquela demonstração um tanto tola de meu agradecimento. "Você não gosta?", perguntei sabendo a resposta. "Não", disse, e para mostrar que era coerente atirou-o numa cesta de lixo, em um gesto muito *nouvelle vague*. Omar não queria ser bom, simplesmente não desejava ser tão mau. Sua forma de fazê-lo consistia em me permitir que eu também fosse má: assim neutralizaríamos nossas maldades, equipararíamos nossas forças e ninguém sofreria. Essa foi sua proposta amorosa.

Pensei: "Este homem não mente; não promete falsos amores nem cenas românticas. Não tenta me comprar com a bondade.

Avisa-me que é perigoso, que não devo confiar nele. Essa é a verdadeira liberdade." Se eu era forte de verdade, me convinha alguém que não destruísse minha necessidade de voar, minha ansiedade de mundo.

Desaparecia durante dias para que eu não me viciasse em qualquer tipo de dependência, segurança ou tentativa de controlar seus movimentos; para não me deixar cair na tentação de parar de procurar a liberdade. O imprevisível fazia parte do cotidiano. Tentava me fazer sentir que minha vida estava em minhas mãos, não nas dele; estava convencido dessa verdade. Eu podia achar que sua conduta errática me deixava abandonada ou livre, sozinha e triste ou dona de mim e eufórica. Dependia de mim escolher que versão me era mais conveniente.

Preferi pensar que nos libertávamos juntos. Dançaríamos os passos da camaradagem, o amor livre, uma rebelião conjunta contra a sociedade hipócrita. O amor que não é completamente livre torna vulnerável quem ama e debilita quem é amado: Omar me ensinou a repetir este mantra.

Nossa meta era estabelecer a igualdade entre homens e mulheres. Para nós, igualdade significava a aniquilação das diferenças. Defendemos uma igualdade que procurava homologar homens e mulheres. Diferenciar soava a discriminar, e discriminação parecia um palavrão.

No começo, nossa dança foi uma festa e ambos nos beneficiamos. Eu aprendia com rapidez as estratégias da luta que ele me ensinava: era uma aluna jovem e entusiasmada que, ademais, aportava a energia e o corpo para enfrentar as atividades. Ganhava a liberdade de me testar em meus vôos pelo território inimigo, o mundo profissional dos homens, sentindo-me incentivada e guiada por um deles. Por sua vez, Omar foi um mestre dedicado, que me abriu o mundo da mente e do coração dos homens perigosos e atraentes. Imerso em sua própria batalha no mundo patriarcal, tentava destruí-lo através de mim, uma mulher infiltrada entre os homens. Ajudando-me a vencer, ele também vencia no jogo do poder: meus êxitos eram nossos, eram seus. Eu os compartilhava cheia de gratidão e me sentia uma heroína da revolução afetiva.

Luis Sepúlveda, um poeta contemporâneo, nos descreve:

As mulheres da minha geração disseram
A cada qual sua necessidade e sua capacidade de resposta
Como na luta golpe a golpe no amor beijo a beijo.

E continua:

Porque as mulheres da minha geração nos marcaram
Com o fogo indelével de suas unhas
A verdade universal de seus direitos.
(...)
Só respeitaram os limites que superavam as fronteiras
Internacionalistas do carinho, brigadistas do amor,
Comissárias do dizer te quero, milicianas da carícia.

Segundo suas palavras, fomos "como um punho fechado que resguarda/com violência a ternura do mundo". Reconheço-me: naquela época, mulheres como eu militávamos o amor e militávamos por amor.

Omar me oferecia um relacionamento libertário. Só me dava – ambos acreditávamos que ele me dava – a possibilidade de me transformar no final em uma pessoa livre e independente. Não prometia me proteger, cuidar de mim, me amar por toda a vida ou criar ao meu lado um ninho de amor.

Um dia, poucos meses depois do nascimento de Natasha, nossa primeira filha, eu lhe disse, irritada, que havia descoberto tudo: ele queria ser meu amante, mas não meu marido. Eu não queria a mesma coisa, e pensei que nessa conversa havia conseguido que compreendesse. Estava enganada. Naquela noite ele saiu com os amigos para festejar minha declaração de amor, conforme me disse ao voltar para casa. O melhor elogio que eu lhe podia ter feito era reconhecer que ele não era um esposo, um homem burocrático que exerce tarefas convencionais e desprezíveis.

Decidi aproveitar o que me convinha dessa relação com um homem inconveniente como marido e me dediquei a aperfeiçoar as habilidades que me permitiam habitar o mundo masculino do trabalho. Omar me convenceu de que o amor livre era a dança ideal. Acreditávamos ter alcançado a utopia amorosa e entrado na história ao mudar o que, até então, havia parecido o único modelo possível, o dividido e regrado mundo de nossos ancestrais.

Pensei que se me concentrasse em fortalecer meus desejos pessoais e nos instrumentos para satisfazê-los, seria feliz.

Não fui a única mulher – nem Omar o único homem – que decidiu que o amor entre os seres humanos era muito pequeno, muito pouco. Elevá-lo à categoria de algo sublime e único, uma coisa pela qual valeria dar a vida e se sacrificar, era dedicar o amor a uma causa social. Essa decisão, certamente, parecia mais importante e transcendente que escolher destiná-lo a uma única pessoa.

Mulheres e homens de minha geração escolheram esse tipo de amor por razões diversas. A relação amorosa, por sua vez, repetia certas características: era mais importante escolher um companheiro que procurar um marido ou uma relação romântica; era retrógrado obedecer às premissas do romantismo burguês e gastar o tempo sofrendo por amor a um homem, esperando seus telefonemas ou seus gestos de ternura. Era necessário se dedicar a progredir: algumas de nós escolheram fazê-lo na carreira profissional; outras, em vocações artísticas ou na militância política. Enquanto nossos companheiros compartilhassem nossa idéia de progresso e caminhássemos juntos nas mesmas trilhas ideológicas, seríamos felizes. Omar e eu éramos felizes, tentava convencer a mim mesma.

Trabalhar me dava tanto prazer e tantas gratificações além de dinheiro, que não me incomodava em dividir tudo com ele. Dessa maneira compensava-o por me deixar livre, por não exigir que cuidasse da casa nem de suas necessidades afetivas ou sexuais. Ele se cuidava sozinho, como deviam aprender a fazer todos os homens, para se libertar do jugo doméstico das mulheres – me explicava. *Cada um no seu papel* – era o nome dessa dança, dessa maneira de nos relacionarmos na qual ninguém devia nada a ninguém: ninguém devia depender do outro nem se sacrificar por outra felicidade que não fosse a própria. Acreditávamos que, rebeldes e contestadores, estávamos inventando um novo amor. Acreditávamos que havíamos derrubado as barreiras que separavam nossas mães de nossos pais.

Nós, os homens e as mulheres que desejávamos parceiros liberais, convivíamos, literalmente, con-vivíamos, vivíamos com-o-outro, mas não junto-ao-outro.

Nossos progressos nos permitiam viajar em ambos os mundos sem necessitar-nos mutuamente para construí-los ou reconstruí-los. Vivíamos na mesma casa, compartilhávamos os mesmos filhos e as mesmas relações sociais e familiares, mas cada um devia se ocupar desses assuntos por conta própria. Cada membro do casal tinha os mesmos direitos e as mesmas obrigações,

Diferentes formas de amar | 71

pois devíamos ser iguais: devíamos trabalhar dentro e fora de casa, pensar e sentir na mesma medida, ser igualmente fortes. Fomos tão iguais que aprendemos a não precisar do outro para nada. Estávamos juntos apenas porque nos desejávamos. Amávamo-nos livremente, sem compromissos.

Algumas mulheres se livraram da dependência econômica dos homens. Disseram não à segurança controladora que lhes era oferecida pelos cárceres domésticos e aprenderam a se bastar sozinhas. Mas ao se libertarem dos homens, também os libertaram delas.

No começo, só abandonaram as responsabilidades econômicas. Muito depressa abandonaram também as afetivas, pensando que tanto eles como elas eram livres para fazer o que quisessem. Ao deixar sua posição de dependentes, renunciaram também ao poder da manipulação afetiva, usada por mulheres fracas como minha avó, e à força que fazia com que mulheres boas como minha mãe se sentissem as únicas proprietárias do mundo afetivo. Libertaram os homens da obrigação moral de cuidar das mulheres, e tanto eles como as mulheres esqueceram as coreografias amorosas dançadas pelos casais de seus avós e progenitores.

Paula, nossa segunda filha, nasceu em 8 de março, o Dia Internacional da Mulher. Naquele mesmo ano de 1974 também nascia, sob minha coordenação, o primeiro grupo de mulheres que discutiu em Buenos Aires temas relacionados à identidade feminina. Minhas duas filhas, minhas amigas, minha casa, meu trabalho, meu grupo de mulheres: eu tinha tudo isso na época. Mais ainda, eu tinha-me completa, inteira, enraizada em mim mesma. Não precisava de um homem que me mantivesse, me fizesse me sentir afetivamente querida e valiosa ou aplacasse minha angústia existencial. Havia emergido do mundo partido em dois pedaços de meus avós e meus pais. Por que não gozar sozinha? Nossas filhas poderiam desfrutar de dois mundos, duas casas, duas famílias, dois estilos de vida, supostamente inteiros, supostamente auto-suficientes. De qualquer maneira, como me fez saber uma delas a poucos dias da separação, Omar era "quase uma mãe" e eu "quase um pai". Ele acabaria se libertando da carga familiar e eu, da carga de ter um homem em minha casa. Naquela época começavam a ficar em moda os maridos *cama fora*.

A expressão provinha dos nomes populares para as principais modalidades de trabalho doméstico pago: existia a empregada *cama dentro* e a empregada *cama fora*. As primeiras dormiam nas casas em que trabalhavam e não podiam usar livremente seu tempo. As vantagens para suas patroas eram a de dispor de sua colaboração permanente: a desvantagem, a de perder o controle, a intimidade e a privacidade na própria casa. As empregadas que dormiam em suas casas tinham vida própria, mas não gozavam dos chamados benefícios extra-salariais: teto e comida.

Em cada caso, as donas-de-casa e as empregadas ganhavam em alguns aspectos e perdiam em outros. Da mesma maneira, os ganhos e as perdas eram diferentes tanto para as mulheres como para os homens quando elas dispunham de um marido *cama fora* ou de um *cama dentro*.

Omar e eu achávamos que ambos ganharíamos se ele assumisse, definitivamente, sua condição de amante, e se liberasse da de marido que, de qualquer maneira, nunca assumira. Dispúnhamos de informação que nos permitia ser aliados ou inimigos: ele me mostrava que eu era uma mãe má; eu lhe mostrava sua leniência profissional. Ele me mostrava minha submissão ao "o que dirão", às opiniões dos outros, que classificava de submissão feminina; eu lhe mostrava seu ostracismo social, sua dificuldade para dialogar, em que via sua rigidez masculina. Cada um procurava que seu mundo de liberdade fosse melhor, o melhor.

Não há luta mais violenta e cruel do que a que pode ser travada por iguais, companheiros que se intuem mutuamente e se conhecem a partir das semelhanças.

Eu acreditava que tirá-lo do espaço doméstico e dispor de um marido *cama fora* me permitiria recuperar meu protagonismo dentro de casa. Poderia retomar a relação com minhas filhas e o poder de minha maternidade, ameaçados por sua presença excessivamente exasperadora e crítica.

Acordei do sonho em julho de 1976.

Na Argentina, a repressão do governo militar impedia que a imaginação chegasse ao poder, como prometera a palavra de ordem do maio francês de 1968. Perdia terreno também em minha vida pessoal: minha própria imaginação, derrotada, devia se esconder. E o teto da minha casa desabou, literalmente. Interpretei o acidente, que não teve maiores conseqüências, como um sinal de alarme, uma metáfora da minha situação.

Por volta daquelas semanas, uma das minhas melhores amigas me homenageou com um brinde: "Em nome da vitória final, brindo a você, o Trotski do movimento feminista argentino, daqui do meu posto de Stalin." Quando recordei que, segundo dizem, Trotski foi assassinado em seu exílio no México por ordem de seu ex-camarada de revolução, me assustei. Vi naquele brinde o anúncio do meu desaparecimento simbólico do Olimpo feminista que fora meu baluarte afetivo e ideológico até aquele momento.

Terminava assim, lamentavelmente, o primeiro ato dos Amores Liberais. Essa relação amorosa durou quase 14 anos e terminou quando percebemos que éramos uma mulher e um homem que se sentiam tão fracos que não podiam evitar ser maus. Ele parecia muito ressentido por ter se afastado do mundo do poder; e eu, cheia de culpa por ter abandonado o mundo do amor. A euforia que ambos havíamos extravasado no momento da nossa separação, da nossa completa libertação pessoal, se dissipou quando, impotentes, testemunhamos a dor de nossa filha mais nova. Paula gritava de angústia, inconsolável, nos primeiros dias de nossa mudança para o Rio de Janeiro. Uma profunda sensação de desamparo a invadia naquela cidade ainda desconhecida e ameaçadora para ela, que eu escolhera como refúgio em meu exílio voluntário. Omar e eu assumimos a responsabilidade pelo pranto daquela filha que viera ao mundo como um grito de liberdade. Paula precisava de certas condições de segurança e estabilidade, de rotinas cotidianas que nunca foram comuns em uma casa habitada por pessoas liberadas de quaisquer dependências vitais, como pretendíamos ser. Mas que eram imprescindíveis para que ela crescesse aprendendo a se libertar de alguns medos que a vida acarreta, inevitavelmente.

Nem Omar nem eu podíamos cuidar dela completamente. Omar podia iniciá-la no prazer da mitologia grega e lhe dar ternura, mas não podia aplacar seus medos externos, pagar seus estudos, os cuidados médicos nem as viagens que lhe permitissem seguir adiante em uma sociedade em expansão econômica. Eu podia lhe dar tudo isso, mas não tinha tempo para amainar, com carícias e sossegos, seus medos internos. Omar não podia me dar a tranqüilidade econômica e afetiva de que eu precisava para poder abraçá-la em paz. Eu não lhe proporcionava a confiança em si mesmo que ele precisava para trabalhar com determinação: não lhe garantia que, contribuísse como contribuísse com a vida econômica familiar, eu estaria satisfeita e suas filhas teriam o nível de vida que nós dois queríamos para elas. Ambos nos sentíamos maus. Sentíamo-nos maus com Paula, maus com o outro, maus com nós mesmos. Nossas formas de habitar livremente o mundo completo e total acabaram sendo caras e incômodas. Ser livres, completos e totais não nos trouxe a felicidade que esperávamos.

Pelo bem de nossas filhas, tentamos dançar aquela mesma coreografia de amores liberais com outros passos. Tentamos viver juntos, e não apenas com-viver.

Este segundo ato durou sete anos e tampouco teve um final feliz. O rancor carcomia qualquer possibilidade de encontro amoroso. Descobrimos que não podíamos nos bastar por nós mesmos nem confiar que o outro atendesse nossas necessidades. Por mais que nos esforçássemos, nossa dança não era harmônica. Não conseguíamos evitar os ataques mútuos.

Quando tentei ajudá-lo corrigindo sua maneira de trabalhar, achou que o desrespeitava e era má. Sua memória ancestral o levou a reagir como um homem forte que não deve ouvir conselhos de mulheres. Quando tentou recompor sua vida profissional sem ter a atenção desviada pelos assuntos da vida cotidiana, me senti abandonada. Reagi como uma mulher fraca, fazendo-o se sentir culpado por sua falta de atenção afetiva.

Quando tentei ser boa e sacrifiquei meu desenvolvimento pessoal para me adaptar a seus tempos mais lentos, não valorizou meu ato de entrega, que virou raiva e frustração.

Quando tentou ser bom e satisfazer meus desejos, acusei-o de tentar aplacar minha fome com guloseimas para dissimular que não podia competir no mundo profissional, para ocultar que perdera a garra.

Estávamos confundidos, ele e eu. Já não sabíamos quando éramos maus ou fortes; quando éramos bons ou fracos; quando devíamos nos sentir culpados ou irritados; quando vítimas ou algozes. Não sabíamos mais se deixar o outro em liberdade significava abandoná-lo, abrir mão da responsabilidade e do compromisso de cuidar dele, ou se a segurança e o cuidado que desejávamos receber e estávamos dispostos a dar era um convite a um encerramento indesejável ou a um asfixiante sacrifício.

Muitas mulheres, eu entre elas, tiveram orgulho de suas identidades profissionais. Mas se sentiam culpadas, irritadas, envergonhadas, indefinidas em suas identidades afetivas. A multiplicidade de sentimentos as confundia e lhes doía, especialmente em suas formas de serem mães.

4. O abraço impreciso

Paula tinha 4 anos naquela manhã de sábado melancólica e outonal. Da janela de nossa casa no Rio de Janeiro, onde vivemos no final dos anos 1970, se via chover sobre o Cristo Redentor. Eu tentava desempenhar da melhor maneira possível meu papel de mãe-que-brinca-com-a-filha-nas-horas-de-ócio vendo televisão com ela. Na tela apareceu um comercial que mostrava uma pacífica cena caseira: uma mãe acariciava o filho sentado em sua saia. Paula deu ao anúncio mais atenção do que aos desenhos animados. Em seguida, se acocorou no meu colo, tentando imitar a postura que acabara de ver. Quando conseguiu, me olhou com uma expressão entre suave e desamparada e me disse: "Te amo muito."

Minha primeira reação foi desqualificar as mensagens comerciais que manipulam os afetos usando a linguagem do amor (como a que havíamos visto) para obter benefícios do munc do poder (o poder econômico dos meios). Custava-me aceitar que Paula pedisse um simples abraço. Não lhe bastava que eu perdesse meu tempo vendo televisão com ela? Qualquer um podia fazer uma coisa daquelas e, não obstante, ali estava eu que, além do mais, tinha maneiras muito mais sofisticadas e úteis de demonstrar meu amor do que uma mera carícia. Tinha dificuldade de aceitar que Paula pedisse um simples abraço, mas sua atitude denunciava que minha maneira de abraçá-la não lhe transmitia a segurança amorosa que parecia sentir na criança do anúncio.

Eu não estava realmente com ela, e Paula sabia perceber que minha cabeça se encontrava em outro lugar. Ela estava acostumada. Eu pensava em minha agitada agenda de trabalho, nos intermináveis problemas com Omar, nas demandas de outras pessoas. Não estava com ela. Minha respiração preocupada e tensa não propiciava um abraço confiável. Mas eu não percebia que meu amor não oferecia a paz, a intimidade ou a segurança afetiva pedida por Paula.

Na infância de minhas filhas, o exercício da maternidade foi para mim uma fonte de agonia e culpa. Fizesse o que fizesse, tinha a sensação de que era pouco, inadequado, equivocado. Corria de um lado ao outro tentando lhes dar o melhor de tudo e em tudo. Tinha desejado ser mãe, mas, ao ser confrontada com as demandas daqueles pequenos seres que dependiam de mim – demandas não previstas em meus planos de desenvolvimento vital –, me vi diante de um grande conflito a respeito de minhas novas obrigações. As conseqüências de dar vida – ato de amor generoso que fora minha decisão livre de mulher liberada e independente – me levavam a recordar que continuava sendo escrava de uma família que dependia de mim. A escravidão não era conseqüência da falta de poder, mas da exigência de um amor que fosse total.

Naquela manhã chuvosa, Paula havia detectado que eu a amava tentando não amá-la: abraçava-a com medo de ser asfixiada por seu abraço; olhava-a sem fixar o olhar nela para não deixar de ver o resto do mundo. Essa maneira contraditória de amar deixou seqüelas indesejáveis e imprevistas em minhas filhas. Como outras mulheres de sua geração, elas sofrem de insatisfações afetivas ainda mais profundas e difíceis de resolver do que os desencontros amorosos de suas mães ou avós. Algumas das filhas das mulheres que soubemos conquistar o mundo do poder se sentem fracassadas no mundo do amor.

Esta afirmação não é um mea-culpa. Tampouco uma confissão, um sinal de arrependimento ou um pedido de perdão. Amei minhas filhas, mas me perdi peregrinando por minhas incongruências afetivas herdadas de meus pais, e essas peregrinações confundiram minhas filhas.

Ao reconhecer que minha maneira incoerente de abraçar minhas filhas lhes causou confusão na esfera da intimidade, repito o gesto de minha mãe ao compartilhar comigo a certeza de que seu abraço insuficiente não fez com que me sentisse segura na esfera pública.

Quando eu tinha 12 anos, vendo-me questionar as autoridades escolares ou assumindo desafios muito complicados, minha mãe me disse: "Não posso cuidar de você. Estou me sentindo uma mamãe galinha que chocou um ovo de águia. Minhas asas não servem para voar tão alto, não podem protegê-la. Não sei como ensiná-la a evitar os perigos de céus que não conheço se nem consigo acompanhá-la". Sua voz não soava irritada. Não entendi que estava triste por não saber como evitar que eu me machucasse. As palavras soaram como uma sentença que me condenava a ficar sozinha no mundo. Sentir que não podia ser abraçada me doía, mas, sobretudo, me desconcertava. Como era possível que ela, o ser que me dera a vida, não soubesse me ensinar a viver? Recriminava-me: certamente aquilo se devia ao fato de eu ser muito estranha, muito louca, muito amarga para o mundo de minha mãe. Ao sentir que ela me rejeitava, desprezei sua ajuda e, por um longo tempo, recusei seu abraço insuficiente.

Durante anos achei que aqueles desencontros se deviam à falta de amor. Acreditava que minha mãe não me entendia porque não me amava o suficiente. Tinha raiva dela porque seu abraço não me continha, mas também sentia culpa por praticamente desqualificar todas as suas tentativas de aproximação: eu tampouco a amava o suficiente. Seus conselhos me pareciam triviais, ingênuos, ridículos, inadequados. Minha mãe me dava vergonha. Como um abraço que eu mesma desqualificava poderia me conter?

Tinha 15 anos numa manhã em que mamãe foi chamada à minha escola. Eu havia desobedecido a alguma regra e, mais uma vez, estava em uma situação complicada. Tinha medo e não me sentia protegida por ela; achava que não saberia me defender das acusações injustas como – eu supunha naquele momento – teria feito meu pai. Subindo as escadas da entrada, pedi-lhe para não falar; temia que dissesse bobagens. Foi a única vez na minha vida em que me bateu.

Minha mãe enfiou a mão na minha cara e com suas palavras me ensinou, para sempre, o significado da dignidade. "Não lhe permito que me renegue. Não lhe permito que me trate como uma babá paga pelo seu pai. Sou sua mãe e estou aqui, ao seu lado. Sempre lhe dei o melhor que pude. Que não lhe sirva não quer dizer que eu não sirva."

A surpresa, a alegria e o orgulho de sentir que me abraçava de sua maneira apagaram a dor da bofetada. Minha mãe reconhecera que tinha dificuldade de me entender, mas não aceitava que a acusasse de me abandonar. Mostrou-me que era eu quem a renegava; se preferia não confiar nela, não me cabia culpá-la por me sentir solitária. Aquele gesto me ensinaria a compreender, muitos anos depois e com a ajuda de minhas filhas, que minha mãe era boa e não tonta.

Minha mãe se desvalorizava socialmente, mas sabia que me amava. Seu abraço havia sido insuficiente, de acordo, mas não fraco: seu tabefe me mostrou a força de seu amor. Sem isso, eu só teria visto o que ambas considerávamos sua fraqueza intelectual.

Minha mãe me empurrou para céus mais altos do que os dela. Era inevitável que não pudesse me abraçar se eu era capaz de alcançá-los. Ao me revelar sua incapacidade de me proteger por inteiro, confirmava que eu me afastara dela e habitava outros mundos, outros espaços vitais, outros horizontes afetivos. Também me deu permissão para que minha vida transcorresse com mais velocidade e força do que a sua, para que inventasse minha maneira de ser no mundo habitado por meu pai, o qual ela espiava com curiosidade, para que organizasse minha diversidade na identidade de mulher profissional. Mas, com esse convite, senti que me abandonava. Desprendia-se de sua responsabilidade de mãe, me deixava sozinha.

Assusta a sensação de não se encaixar no abraço da mãe, de não se sentir contida em seu útero. É difícil imaginar como a mulher que nos deu a vida não sustente nossa identidade dando-nos o abraço que tanto esperamos. A conseqüência lógica e imediata é irritar-se: aprendemos cedo a lutar contra a dor do não-abraço. No entanto, a luta só produz um suspiro de alívio efêmero; a irritação agrava a sensação de vazio e de solidão.

Eu me afastara de minha mãe e naquele dia, ao subir as escadas da escola, ela fez um gesto que anos mais tarde me permitiria compreender que nem eu pedia muito nem ela me dava muito pouco. Éramos diferentes, não habitávamos o mesmo mundo, cada uma tinha sua linguagem. Aumentar minhas demandas ou exagerar seus esforços não poderia corrigir nossa sensação de desencaixe.

Mais tarde minhas filhas se irritaram comigo e, por longos anos, rejeitaram meu abraço. Não por ser insuficiente, mas contraditório, ambíguo, indefinido, conflituoso, imprevisível. Às vezes se envergonhavam de mim, em outras me temiam. Não me sentia fraca e tonta, mas má e autoritária.

Eu não as acariciava como a mãe da publicidade acariciava seu filho. Não queria ser desonesta, e sabia que a intimidade não me era fácil. Acusavam-me de ser pouco carinhosa, ou melhor, muito dura. Achavam minha honestidade cruel quando implicava exibir a dor que suas agressões me causavam. Em público rejeitava suas críticas; privadamente, chorava de vergonha por não saber como ser mãe.

Meu abraço de mãe, como o de outras de minha geração, foi intermitente, espasmódico, ambíguo, mas não intencionalmente mau. Queria que minhas filhas habitassem o melhor possível dos mundos: achava-me completa e, portanto, acreditava que lhes dava um abraço completo. Naquele momento me sentia mal, mas atribuía isso ao fato de lhes dedicar pouco tempo. Não percebia que minha forma de ser mãe estava distorcida por minhas contradições afetivas, nem que minhas filhas herdariam o conflito — e a sensação de impotência para resolvê-lo — entre o desejo de me sentir boa e forte.

Ao tentar lhes ensinar a serem mulheres e pessoas, lhes transmiti meus próprios conflitos. Quis lhes ensinar a serem mulheres totais e completas, mas contribuí para que crescessem como mulheres contraditórias. Minha maneira de amá-las arriscou-as a serem náufragas de si mesmas enquanto procuravam, sem saber como nem em que lugar, o melhor abraço, o abraço total e completo.

Quando minha mãe me incentivou a me livrar de qualquer tipo de dominação masculina e a me transformar em uma pessoa forte na esfera pública, não imaginou que, se me apropriasse das armas do poder, minhas idéias sobre a bondade feminina, minhas formas de amar e minhas necessidades afetivas mudariam inevitavelmente. Quando eu incentivei minhas filhas a procurar, ao mesmo tempo, o melhor dos mundos do poder e do amor, não imaginei que suas formas de amar e suas necessidades afetivas mudariam inevitavelmente. Não percebi que minhas mensagens contraditórias as deixariam sem bússolas confiáveis, navegando em águas que nem elas nem eu conhecíamos, dirigindo-se para horizontes amorosos cada vez mais ininteligíveis. Não pensei que, em meu afã de incentivá-las a encontrar o melhor de tudo, poderia condená-las a vagar como nômades afetivas, eternas peregrinas à procura do amor perfeito, levadas pela idéia utópica de um estado de completa saciedade emocional. Não soube lhes ensinar a diferença entre apetite e voracidade; entre o desejo de ganhar e o de triunfar; entre se entusiasmar pelas aventuras da vida e excitar-se com os perigos da morte.

Ao desqualificar a si mesmas no terreno profissional, minha mãe e outras mulheres de sua geração acabaram desqualificando a si mesmas de um modo geral, e depreciaram sua maneira de nos amar. Assim contaminaram seu legado feminino: comunicaram-nos que seu amor era fraco. Sem querer, também fizeram com que esse modelo, que unia bondade e fraqueza, deixasse como alternativa para algumas de nós um outro, que unia força e maldade.

As mães da minha geração também contaminaram seu legado ao desqualificar sua maneira de cuidar de suas filhas. E o fizeram ao sentir que as abraçavam com mais culpa do que prazer, com mais obrigação do que alegria, como se cumprissem um dever e não como se exercessem o direito de abraçá-las. Desta maneira lhes transmitiram que seu amor era mau e fraco. Seu modo de valorizar o mundo do trabalho e desqualificar o doméstico passou a idéia de que, para as mulheres fortes como elas e nós mesmas, o primeiro é valioso e o segundo, perigoso.

Minha mãe e eu éramos diferentes; eu e minhas filhas também somos diferentes. O mundo em que Natasha e Paula vivem não é o mesmo em que eu vivi quando tinha a idade delas; os homens que poderiam ser seus parceiros não se parecem com aqueles que as mulheres de minha época procuravam; suas necessidades vitais são diferentes das minhas. Tanto o verbo *amar* como o verbo *poder*, tanto o conceito de casal e de família como o de potência e ambição, adquirem diferentes significados em diferentes momentos históricos, culturas, grupos étnicos e segmentos sociais. Minha mãe e eu, minhas filhas e eu, somos diferentes.

Nascemos de uma mulher. Mas a tarefa de se discriminar e se saber diferente daquilo que nos dá origem é mais complicada para as filhas do que para os filhos. As filhas saíram do mesmo e parecem o mesmo; portanto, pensam que são e deveriam sentir o mesmo que suas mães. Entretanto, o primeiro olhar sobre os filhos já os instala no lugar de um outro, diferente. Eles têm não só a permissão mas a premissa familiar de pensar, sentir e agir diferente de suas mães.

As filhas parecem oferecer às mães um antídoto infalível contra o sentimento da solidão. Sendo o mesmo, fomentam mutuamente a fantasia de um abraço entre iguais que prometa uma fusão incondicional. Quando esta ilusão se revela como tal, se deparam com a certeza do limite que a idéia da morte implica. Ninguém – nem nossas filhas, nem nossas mães – nos devolverá o abraço nirvânico de que gozávamos antes do parto. Por amor à vida, pelo amor da mãe à filha, acontece o parto. O novo ser sai à luz e à alegria do crescimento, mas também à solidão e ao enfrentamento, à dor das decisões e dos erros. Pelo amor da mãe e da filha, o útero, universo único, deve expulsar e o hóspede deve sair. Por amor a suas filhas, as mães as afastam delas. Por amor às mães, algumas filhas obedecem e se afastam. Estranho amor esse, que incentiva a solidão. Severo amor esse, que exige a renúncia à intimidade entre seres que se amam. Doloroso amor esse, que condena à nostalgia do abraço que nos impele a voar.

Minha mãe me deu permissão para abandoná-la e trair suas formas de ser mulher. Sua amorosa forma de me dizer que seu amor era insuficiente me permitiu obedecer à premissa de progredir na vida me diferenciando dela e criando uma nova identidade de mulher profissional, mas, apesar de todas as suas tentativas, não foi suficiente para que eu criasse uma nova maneira de amar para mim.

Quando minhas filhas nasceram, Natasha em 1970 e Paula em 1974, eu havia completado meu caminho para o mundo profissional. Não era a fraca na casa de um marido forte, como achava que minha mãe havia sido. Tampouco havia me convertido em uma babá qualificada dos filhos do patriarca, como supus que Mario me propusera. Havia me transformado em uma profissional, com liberdade, independência e poder. Eu era eu quando trabalhava, quando ocupava espaços sociais, quando progredia no mundo do trabalho. Mas não sabia como ser eu no mundo dos afetos familiares, e, sobretudo, não sabia como ser eu no mundo da maternidade.

Minha mãe havia vivido dentro de casa, com pouca autonomia e quase nenhuma liberdade pessoal. Lembro dela, silenciosa e solitária, cozinhando para que tudo estivesse impecavelmente pronto quando meu pai chegasse do trabalho e meus irmãos mais velhos de suas atividades estudantis. Também lembro os pratos, o calorzinho reconfortante, a casa como idéia de proteção contra as tormentas e os medos que espreitavam na rua. A casa protegia. No entanto, seu *interior* ficou contaminado, em minha memória, por uma idéia negativa de quietude. A casa asfixiava. Como muitas mulheres de minha geração, associei *doméstico* a *domesticado*, a sentimentos de vazio, de depressão passiva, de apatia e desinteresse.

Quando se tornaram mães, algumas mulheres de minha geração não habitaram nem desejaram que suas filhas habitassem o triste mundo triste do *interior* que, acreditávamos, havia sido habitado por nossas mães. Havíamos aprendido que, debaixo das condutas afetivas tradicionais, a casa só se enchia de sons, movimento e excitação quando o homem chegava. Ele trazia novidades do *exterior* poderoso que ignorava a mulher e não podia ser visto por ela da cozinha da casa. O espaço público e as situações sociais evocavam imagens de vitalidade, de atividades importantes, de intercâmbios transcendentes, que me atraíam tanto como a Paula a cena de afeto do comercial de televisão.

Habitei esse mundo exterior e quis que minhas filhas o habitassem. Desde que nasceram, levei-as comigo a todos os lugares para que aprendessem a ser independentes, para que não sofressem como minha mãe nem perdessem seu tempo como eu. Quis que soubessem pensar como adultas mesmo quando eram pequenas. Imitei minha mãe quando lhes transmiti uma maior valorização do mundo do poder. Superei minha mãe quando as ensinei a depreciar e temer a intimidade, quando lhes transmiti uma imagem monótona e desprezível do mundo do amor.

Assim como muitas contemporâneas, acreditei que ensinava minhas filhas a correr em direção à vida, ao futuro. Não percebi, assim como muitas contemporâneas, que o motor desse tipo de movimento estava no passado: o medo da inércia, de se sentir uma mulher passiva e dependente, de ficar presa a tradições morais de segurança afetiva. Pensando que lhes transmitia a paixão pela transcendência do ser (existir para algo ou alguém, sempre em movimento, sempre para frente), lhes ensinei que a imanência vital (existir em si e para si, em contemplativa quietude) é perigosa. Nossa forma de pretender ser Mulheres Maravilha, capazes de tudo, ensinou nossas filhas a fugir da morte, a escapar constantemente da idéia de depressão ligada à imagem da mulher-que-espera-o-homem-em-casa. Vendo-nos viver, elas não conseguiram menos do que pensar que fazer é mais importante do que ser. Uma das conseqüências indesejadas de nossas atitudes progressistas foi que a luta contra a passividade feminina tornou-se uma atividade frenética na geração de nossas filhas; nossa indignação por não sermos ouvidas, em sua tendência de não ouvir ninguém; a vontade de fazer com que nossas vozes fossem ouvidas, em sua tendência de não dar espaço ao silêncio, condição imprescindível para o diálogo.

Muitas de nós tivemos companheiros que, assim como meu irmão, haviam aprendido com suas mães a linguagem do amor. Com o tempo, seus abraços deram a nossas filhas a ternura de que sentiam falta nos nossos. Elas e alguns de seus irmãos aprenderam a linguagem do poder com suas mães e a do amor com seus pais. Como efeito imprevisto, muitos deles acreditam que o sexo mais forte é o feminino e que o masculino é o mais suave.

Não transformei minhas filhas na única razão da minha existência, como eu havia sido para minha mãe. Não dando a vida por elas, lhes dava de presente suas vidas. Os filhos não deveriam ser propriedade de seus progenitores. Com o tempo este lema abriu espaço à outra idéia, outra conseqüência indesejada de nossas boas intenções: os filhos tampouco são responsabilidade de seus progenitores.

Tentávamos nos livrar da idéia de nossas mães de que amor era posse. Liberávamo-nos de qualquer forma de compromisso.

Acreditávamos no amor livre, sem perceber que este objetivo também podia significar que, para ser livre, convém não amar: o amor amarra, cria dependência e mata a liberdade. O amor funciona como um lastro.

Chama-se lastro, segundo o dicionário, "a pedra, areia ou outra coisa pesada colocada no fundo de uma embarcação com o objetivo de garantir que esta afunde na medida conveniente e necessária para garantir uma boa navegação". Para nós, lastro foi sinônimo de obstáculo, bloqueio, e ainda usamos a palavra para nos referirmos a algo que impede o prazer do movimento vertiginoso, sem limitações.

Uma estreita relação com os pais podia funcionar como lastro se truncasse a liberdade total que os jovens da minha época desejavam. A família se revelara um recurso do patriarcado para cortar as asas das mulheres, que temiam que seus filhos lhes roubassem o tempo destinado à realização pessoal que, nos anos 1960, equivalia à realização profissional.

Algumas desejavam se destacar por sua capacidade intelectual e não pela beleza ou habilidade doméstica. Acreditavam que procurar o sentido da vida em uma relação afetiva com o marido e os filhos era optar por projetos secundários, menores.

Tentamos compatibilizar a decisão de desenvolvimento profissional com a obrigação de nos casar e ter filhos – atribuições que havíamos recebido de nossas mães e que ainda seguíamos sem questionar – para fazer parte da sociedade como mulheres normais e evitar as incômodas flutuações de uma vida afetiva vazia. Por isso, quando abraçava minhas filhas, pensava mais nas minhas necessidades que nas delas.

Não me dediquei apenas a elas, numa tentativa de lhes dar um modelo feminino melhor do que aquele que recebera. Queria que compreendessem que mulher não é sinônimo de mãe ou de esposa. Queria que ao crescer se definissem a partir de si mesmas, jamais por meio da relação com outros, mesmo que esses outros fossem seus maridos ou filhos. Queria que fossem suas próprias donas, independentes como eu fora, e ainda mais livres. Mas, embora essa não tivesse sido minha intenção, a obediência a minha orientação deixou minhas filhas à deriva em um oceano de sentimentos confusos; livres, mas sozinhas, donas de si mesmas, mas cansadas de suportar o peso de suas próprias vidas.

Minha mãe encurtava as distâncias afetivas com as outras pessoas até chegar a se fundir com elas, confundir-se com elas: seu legado me ensinou a olhar de perto, a descobrir e valorizar os detalhes que abrem, como se fossem chaves, a intimidade das pessoas. Meu pai falava da história da humanidade e da conveniência de entender o mundo e seus habitantes a partir de uma perspectiva impessoal: aprendi com ele a olhar de longe, a observar os grandes esquemas organizadores em que os sentimentos individuais quase desaparecem. Vivi encurtando e alongando ao mesmo tempo as distâncias afetivas.

Duas cenas igualmente absurdas ilustram minha dificuldade para encontrar e manter a distância adequada entre minhas filhas e eu: que fosse ao mesmo tempo curta, para que se sentissem compreendidas e acompanhadas, e longa, para que não se sentissem sufocadas e invadidas.

Carreguei Paula durante seus dois primeiros anos de vida. Estava tão acostumada com seu peso em meu colo que um dia, ao descer de um táxi, tive um segundo de desespero achando que a tinha perdido, até que percebi que a continuava carregando, grudada em mim como sempre. Paula era uma extensão de meu corpo, uma parte de mim. Estávamos fundidas: a distância afetiva era muito curta, aprendida de minha mãe, e se repetia no vínculo com minhas filhas. Elas e eu não tínhamos espaço e tempo próprios, éramos uma. Eu havia tentado evitar esta maneira de nos relacionarmos.

Em outra ocasião, ao chegar com meia hora de atraso para pegar minhas filhas na saída da aula de inglês, corria pressionada por minhas reflexões sobre as responsabilidades maternas. Estava tão absorta em minhas culpas que passei diante delas três vezes, sem vê-las. A distância afetiva muito longa, aprendida com meu pai, me fazia pensar nelas como tarefas abstratas a cumprir, não como seres humanos.

Se me aproximava muito, se começava a perceber os pequenos sinais através dos quais me mostravam como e quando precisavam de mim, me sentia sufocada, prisioneira do compromisso de cuidar delas. O medo de perder a liberdade pessoal se assumisse a responsabilidade materna me levava a fugir delas. Tentava facilitar minha fuga assumindo cada vez mais responsabilidades profissionais.

Quando habitava o mundo do poder, me sentia forte e esquecia o resto de minha vida. Até que saía ferida ou fracassada de algum combate profissional e descobria que estava longe de casa. Sentia a falta daquele abraço incondicional que se espera da família e corria para me refugiar no abraço de minhas filhas, acreditando que era eu quem as abraçava. Doía-me que não fossem cúmplices de meu auto-engano e não recebessem meus gestos amorosos quando e como eu queria: eram más e mal-agradecidas porque não permitiam que me sentisse boa, como eu precisava. Paula me mostrou esta incongruência quando, em um desses dias difíceis, depois de ter recebido muitas horas de sua atenção, voltei a minhas ocupações. Ela, então, me disse: "Eu lhe fiz companhia porque estava triste. E agora que a chamam por telefone você me deixa sozinha, sem me perguntar se preciso de você? Eu deixei de brincar com minha amigas para ficar com você, mas você não deixa de trabalhar para ficar comigo."

Dói-me confessar que mascarava meu medo de ficar sozinha com minhas filhas no dia da folga semanal da babá. Temia tanto não saber distraí-las ou que me achassem chata que preenchia nosso tempo com atividades incessantes. Protegia-me tanto de suas carinhas pidonhas, por medo de não saber decifrá-las, que nem chegava a me inteirar do que me pediam.

Na Buenos Aires daquela época, algumas mulheres profissionais não trabalhavam de manhã para levar os filhos à pracinha do bairro. Eu evitava esse ritual como se temesse me envenenar. Sentia-me mal quando encontrava minhas colegas: não gostava que minhas filhas vissem minhas concorrentes e minhas inseguranças profissionais. Sentia-me mal quando encontrava donas-de-casa: não gostava que minhas filhas vissem minha incompetência e minhas inseguranças maternais. Em qualquer dessas situações, me sentia deslocada. Não sabia ser mãe a partir da minha identidade profissional, não sabia como agir. Muitas filhas de mulheres de minha idade se queixam de que fomos falsas com elas: agíamos de uma maneira quando estávamos sozinhas e de outra, totalmente diferente, diante de estranhos. Mas não fomos falsas; simplesmente, não sabíamos como nos comportar: não tínhamos modelos de maternidade que nos servissem. Como não sabíamos desempenhar o papel de mães porque nos definíamos como mulheres profissionais, ensaiávamos diferentes atitudes e posturas, procurando a mais adequada à situação maternal.

Eu o fazia abrindo um quase prepotente leque de ofertas de atividades diante de minhas filhas. Recordo que minha mãe me desafiou porque, recém-chegada de uma viagem de trabalho que me mantivera longe de casa por mais de uma semana, sugeri levá-las a um parque de diversões. Ignorava meu próprio cansaço, mas, sobretudo, fechava os olhos ao interesse delas em me reconhecer depois de tantos dias de separação, mais forte que seu interesse em se distrair. Era eu quem devia me distrair: distrair-me delas, em virtude da tensão que cuidar das minhas filhas me causava.

Também tentava ser uma mãe melhor quando as empurrei para outros abraços: o da avó, o da babá, o do pai, nessa ordem de preferências. Temia que não gostassem da minha forma de abraçá-las. Meu corpo não era como o da mãe daquele comercial que Paula quis que imitássemos; tampouco era macio, redondo e côncavo como o da avó, que sabia acariciá-las e amainar seus medos noturnos. Eu as educava, mas a babá e o pai brincavam com elas e as distraíam melhor. Eu podia lhes oferecer o mundo excitante que o fazer ensina, mas não sabia lhes dar o abraço pacífico e paciente que constrói o ser. Ignorava como criar um espaço para nós, onde pudesse escutar os murmúrios de intimidade que são tecidos no tempo. Confiava tão pouco na minha maneira de habitar o território dos afetos que lhes ensinei a não confiar em mim nem esperar pelo meu abraço.

Por medo de me sentir apenas um buraco – um oco escuro e tenebroso, cheio de tristezas e frustrações como imaginava que havia sido minha mãe –, tentei ser uma lança brilhante, refulgente de ambições e de êxitos. Senti-me mulher de ambas as formas. Preferia me sentir uma pessoa poderosa, que conhecia a melhor maneira de educá-las tendo a segurança de seus próprios valores, a me sentir absolutamente incapaz de contê-las em suas angústias existenciais, porque eu mesma sucumbia às minhas. Abracei minhas filhas a partir dessas duas maneiras de ser. Elas aprenderam e temeram os dois sentimentos.

Minha mãe preferiu ser a que amava, cuidava e se preocupava com os demais. Precisar do amor do homem teria sido seu calcanhar-de-aquiles, o ponto vulnerável onde meu pai poderia feri-la. Soube criar barreiras que a tornaram afetivamente invulnerável. Acostumou-se a pensar que receber amor não era importante. Sem me dar conta, aprendi com ela essa forma de invulnerabilidade: não precisar de amor parecia ser uma boa estratégia de sobrevivência para algumas mulheres de minha geração. Tentei fazer com que minhas filhas fossem mulheres fortes não apenas no mundo do poder, como minha mãe desejara que eu fosse, mas também no mundo do amor. Quis que tivessem total liberdade de movimento em suas vidas afetivas. Mas, em meu afã de lhes dar abraços totais, lhes dei abraços contraditórios e intermitentes. Meu modo de viver em dois mundos — o do poder e o do amor — teve como conseqüência que elas herdassem essa contradição. Às vezes, agem como se pensassem que só sendo más podem dispor livremente de seus espaços e tempos pessoais, e só sendo fracas podem confessar sua necessidade de depender de um abraço adequado.

Ser absolutamente independente e auto-suficiente é uma arma pesada de carregar. Algumas mulheres da geração de minhas filhas não sabem como precisar do outro sem se sentir desprezíveis. Por isso, quando suas forças não são mais suficientes para continuar sustentando a armadura da sua independência — seja contra o medo de não ser amadas ou contra a culpa de não saber amar —, algumas se conectam às suas necessidades afetivas e se vêem impotentes e perfuradas, desprezivelmente dependentes, desprezivelmente "femininas". Idealizam um amor que as obriga a se entregar a homens que as façam se sentir amadas e amáveis, e depois reclamam indignadas quando se sentem indefesas e vulneráveis porque amam.

Algumas mulheres da geração de minha mãe transmitiram a suas filhas a missão de ser fiéis à verdade, mas esse compromisso foi mais tolerável para elas do que para nós, porque elas tinham de responder a uma única verdade. Suas existências se definiam por e para a família, por e para seus filhos; tudo o que pensavam, faziam ou sentiam devia ser coerente com essa definição. Ambicionavam ser as melhores no mundo do amor.

Algumas mulheres de minha geração mantiveram um sistema duplo de coerências, pelo qual deviam ser fiéis a duas verdades: queriam ter uma família que as amasse e que amassem; queriam se definir como mulheres amáveis; queriam ter uma profissão respeitada e se definir como profissionais respeitáveis. Procuraram a liberdade e a independência com a segurança e a proteção de uma família; se propuseram a ser boas e fortes no mundo do poder e também no mundo do amor.

As mulheres fortes casadas com homens fracos sonhavam com maridos ou amantes cuja força se igualasse à delas; as mulheres fracas casadas com homens maus sonhavam com maridos ou amantes cuja bondade se igualasse à delas. No mundo cruzado de nossas emoções, durante os anos 1960 e 70, nunca nos sentimos completamente felizes em nossas relações. Para compensar isso, alternávamos e justapúnhamos nossas maneiras de amar. Mas nos divorciarmos para casar com outro diferente, ou manter relações simultâneas com dois homens de estilos diferentes, não nos abria a porta da felicidade. Continuávamos presas às nossas contradições afetivas, fizéssemos o que fosse para mudar essa situação: não amávamos nem nos sentíamos amadas por inteiro e com coerência.

Aquelas que conseguiram se definir e ser felizes a partir do lugar exato em sua identidade profissional transmitiram a suas filhas a premissa de repetir seu modelo de sucesso e também, adicionalmente, a de superar seus fracassos afetivos. Para esta geração, progredir significa não ser apenas mulheres profissionais, mas, ao mesmo tempo, conseguir ter o melhor amor. Não se trata mais de uma verdade, como para suas avós, nem de duas verdades, como para suas mães. As mulheres jovens de hoje enfrentam a exigência de ser fiéis a múltiplas verdades, derivadas do fato de ter de cruzar as regras do mundo do amor e as regras do mundo do poder. A tarefa as submerge em uma confusão onde se debatem, inutilmente, tentando encontrar uma verdade mais verdadeira a que se aferrar e flutuar em seu naufrágio afetivo. Como podem conseguir o melhor amor se desejam amores diversos? Como podem saber qual é a melhor relação se não conhecem os critérios para escolhê-la nem como reconhecê-la?

Os abraços contraditórios que receberam de nós talvez expliquem, em parte, por que estas mulheres jovens pulam de um lado a outro, motivadas pela dúvida constante que acompanha sua busca da perfeição. Talvez nossos abraços contraditórios expliquem por que às vezes parecem não precisar de nada de ninguém e, em outras, de muito de todos; por que às vezes humilham e em outras se sentem humilhadas; por que às vezes abandonam e em outras são abandonadas; por que às vezes maltratam seu parceiro e em outras são maltratadas. Talvez nossos abraços expliquem por que às vezes abraçam homens violentos e em outros momentos pedem para ser abraçadas como se fossem meninas assustadas; por que às vezes exigem um abraço como se lhes fosse devido e em outras, mendigam carinho como se só merecessem receber esmolas afetivas.

Talvez nossos abraços contraditórios expliquem por que nossas filhas nunca sabem quando são boas e quando são más, quando são fortes e quando são fracas em suas relações. Talvez nossas contradições expliquem por que, já em sua terceira década de vida, nossas filhas temem ter nascido condenadas a arrastar para sempre seus sentimentos confusos, ao longo de um caminho indecifrável de amores parciais ou divididos.

5. Amores partidos

Lena, a jornalista mexicana que culpava as mulheres de nossa geração por não ter ensinado as da sua a amar, se perguntava:

— Por que ninguém me avisou que é preciso uma pós-graduação para se relacionar de uma maneira compreensível com os homens? Não posso conversar com um homem, lhe dizer o que está acontecendo comigo e sentir que ele entende o que lhe digo? É uma coisa que não me acontece em outras áreas: nunca me sinto tão inepta como nos relacionamentos amorosos. Não sei o que faço de errado. Sinto-me cheia de amor. Por que não encontro ninguém que queira recebê-lo?

Alessandra, a tão inteligente e bela advogada italiana, protesta:

— No trabalho, consigo o que quero, mas não encontro um homem que me dê o que preciso. Aqueles que me entendem, não querem se casar com mulheres como eu: preferem as que não pensam tanto. Aqueles que querem se casar comigo, não me entendem ou me acusam de ser muito complicada. Não sou uma típica dona-de-casa, mas tampouco uma executiva típica: tenho de cortar pedaços de mim para me encaixar em algum molde? Não me definir segundo os modos estabelecidos me faz sentir que não existo para os homens: não sou; ninguém me vê.

Na época da minha mãe, as filhas superaram as mães sendo mais fortes e bem-sucedidas no mundo do amor, desenvolvendo sua bondade mais do que as mães. Na minha, as filhas superaram as mães fortalecendo-se no mundo do poder, tornando-se mais fortes do que as mães. As mulheres que queriam progredir no plano profissional navegaram entre dois continentes bem definidos e com existência própria: partiram do território doméstico de suas mães e se dirigiram ao território profissional de seus pais. Chegar ao destino significava ir de um porto a outro.

As mulheres de minha geração quiseram que suas filhas as superassem no campo da felicidade amorosa e familiar. Quiseram que encontrassem o homem forte e bom com quem pudessem manter a relação amorosa completa que não conheceram. Convencidas de que são as melhores em tudo, nossas filhas acreditam que também devem ser as melhores amantes, as mulheres que melhor sabem amar. No entanto, se sentem mais do que inoperantes amorosas, mais do que incapacitadas emocionais: se angustiam quando não entendem o que acontece com elas; quando se vêem perdidas entre os fragmentos dispersos dos amores partidos que aprenderam com suas mães; quando não sabem amar como acham que deveriam fazê-lo. Nossas filhas se sentem fortemente contraditórias e fortemente dispersas: não podem priorizar seus desejos ou necessidades, navegam em um mar de opções e indecisão, possibilidades e erro.

As vozes de Lena, Alessandra e outras mulheres como elas expressam a mesma sensação de desassossegada incerteza afetiva. Ignoram, e necessitam saber com urgência, que rumos deveriam tomar para ser mais bem-sucedidas – isto é, mais felizes – do que suas mães em seus relacionamentos amorosos. Como as mulheres da geração de minhas filhas superam suas mães? As opções que se abrem diante delas são muito mais confusas do que as enfrentadas pelas gerações anteriores. Quando escolhem uma forma de amar, rejeitam a outra; quando escolhem certas vantagens afetivas, desperdiçam outras; quando evitam algumas desvantagens afetivas, são vítimas de outras. A travessia é mais difícil: não existe uma linha que leve de seu caos emocional a uma ordem afetiva complexa. Com muita freqüência, navegam em círculo ou em aloucado ziguezague lutando para avançar entre as formas de amar do mundo profissional e as do mundo privado. Mas nenhum porto de chegada satisfaz todos os seus desejos, nenhuma definição as representa por inteiro. Afogadas em suas próprias contradições, se transformam em nômades ou náufragas afetivas.

Não lhes acontece o mesmo no território profissional. Sabem que são dignas herdeiras da tradição inaugurada por suas mães. São tão fortes e boas como nós, ou mais. No trabalho, usam tanto a inteligência como a sensibilidade; tanto os pensamentos fortes como os sentimentos bons; tanto os raciocínios práticos como as intuições intangíveis; tanto a velocidade de caçadoras experientes como a cautela de agricultoras dedicadas. E não estão sozinhas. Também os homens mais fortes, aqueles que dispõem de todos os recursos e não precisam de ninguém para fazer o que querem, sabem que devem cuidar e se ocupar das necessidades e dos desejos alheios. Todo aquele que vencer na esfera profissional, seja homem ou mulher, sabe que deve ser bom e forte. A ideologia do poder do amor ganhou tantos adeptos hábeis que as pessoas mais fortes também costumam ser as melhores do ponto de vista da bondade: aqueles que servem melhor seus clientes têm mais oportunidades de servir a si mesmos e ampliar suas atividades.

Mas nossas filhas não herdaram apenas as vantagens de ser boas na esfera pública. Também herdaram as desvantagens de ser fortes na esfera privada: se comportam como se ser amável fosse o oposto de ser autêntica; ser atenta fosse o oposto de estar atenta; ser cuidadosa fosse o oposto de deixar-se cuidar; como se, efetivamente, fazer o que a pessoa quer fosse o oposto de fazer o que o outro quer. Nossas filhas se comportam como se acreditassem que amar é o oposto de ser amada. Suas relações com os homens iluminam com feroz virulência o conflito entre os que ganham no mundo do amor e os que ganham no mundo do poder.

Algumas mulheres da geração de minhas filhas aprenderam as palavras de ordem dos amores partidos e opostos observando como suas mães viviam. Outras, vendo, nas atitudes contraditórias de seus progenitores (o progenitor que lhes ensinara a bondade não sabia exercer a força e o que lhes ensinara a força não conhecia a bondade), as vantagens e desvantagens dos amores partidos. Estas atitudes ficaram instaladas como conflitos irresolúveis dentro delas mesmas. Acreditam, por exemplo, que quem sabe se defender não sabe amar e quem sabe amar não sabe se defender. Outras mulheres da geração de minhas filhas perceberam que havia um abismo intransponível entre a ideologia afetiva de seus progenitores, que valorizava o cuidado e a lealdade, e a do grupo de referência de suas amigas e companheiras de geração, que valoriza a força. Aquelas mulheres que aprenderam a acreditar nas duas maneiras de amar pensam que se fazem o que querem, traem a quem amam, e se obedecem a quem amam, traem a si mesmas.

Aprenderam os amores partidos em diferentes escolas, mas todas elas padecem as mesmas contradições, as mesmas confusões, os mesmos sofrimentos. Desejam ganhar e progredir afetivamente e querem gozar as vantagens oferecidas por todos os amores, ao mesmo tempo e com a mesma intensidade. Não se conformam em desfrutar diferentes opções de forma sucessiva ou justaposta. Nem o divórcio nem o adultério lhes parecem soluções desejáveis. Mas em suas relações amorosas, se sentem más quando são fortes e fracas quando são boas. Navegam, constante e angustiadamente, entre uma forma e outra de sentir o amor, entre duas modalidades afetivas contraditórias e divergentes.

1. *Entre a dependência e a independência*
Natasha e eu não conseguíamos administrar as distâncias afetivas que existiam entre a gente. Ela queria ter liberdade para dormir fora de casa quando bem entendesse, mas eu não contava com a mesma liberdade para dispor de seu quarto – em minha casa – como bem entendesse. Queria que a ouvisse atentamente quando me contava suas dificuldades amorosas, mas quando eu lhe perguntava como estava me acusava de invadir sua privacidade. A maior contradição se deu quando foi viver com uma companheira de faculdade. Como achei que isso era o que mais queria, tornei a mudança mais fácil ocultando minha angústia: sentia-me rejeitada por ela, que escolhera deixar de viver comigo. Na Buenos Aires do final dos anos 1980, as liberações e as repressões andavam de mãos dadas: as mulheres não saíam mais da casa da família só para casar, também o faziam para estudar ou trabalhar fora do país, mas não para viver sozinhas. Para minha enorme surpresa, Natasha ficou deprimida – soube logo por sua irmã – porque eu não havia chorado ou

insistindo para que ficasse: achava que eu não me importava que ela fosse viver longe da família, sozinha. Acreditava que isso era um sinal do meu desamor por ela: aprendera que em nosso círculo de mulheres fortes e liberadas, economicamente independentes, a família ainda devia ser nossa prioridade, mesmo que não confessássemos isso publicamente. Eu não a entendia, ela não me entendia. Nunca sabia quando a abraçava demais ou quando de menos. Eu não sabia onde colocar meus braços, nem ela onde colocar os dela.

Recordo que a psicanálise, tão em voga em meu país quando minhas filhas nasceram, criticava os partos muito fáceis ou rápidos porque demonstrariam o desejo da mãe de expulsar o filho do ventre; mas com a mesma intensidade criticava os partos muito difíceis ou lentos porque demonstrariam o desejo da mãe de reter o filho no ventre.

Com esta herança de amores partidos, mulheres como minhas filhas sentem que em todas as suas relações amorosas recebem algo que desejam, mas também perdem algo de que necessitam. "Se ele não me quer em sua vida, eu não me quero. Minha vida está em suas mãos." Sofrem assim quando optam pelas vantagens da dependência afetiva. "Como não preciso do outro para existir, ninguém acredita que precise de amor. Minha vida está só em minhas mãos." Sofrem assim quando optam pelas vantagens da independência afetiva. Têm medo de tomar sempre a decisão equivocada. Vivem aterrorizadas pela sensação de desaparecer no abraço protetor se cederem a sua necessidade de se entregar ao amor e à segurança; mas não menos aterrorizadas pela possibilidade de que desapareçam todos os seus afetos e contatos se cederem a sua necessidade de permanecer sem lastros ou amarras amorosas.

Andrea, uma economista argentina nascida na década de 1970 que completou seus estudos de pós-graduação em uma das melhores universidades norte-americanas e depois decidiu se radicar em Manhattan, lugar que lhe oferece melhores perspectivas econômicas, descreve sua situação atual: "Minha mãe lutava contra o poder dos homens. Eu tenho poder no mundo; profissionalmente, estou muito melhor do que muitos de meus companheiros, mas sinto que o êxito profissional conspira contra o sucesso em minha vida amorosa. Quando um homem me deseja, vejo a mim mesma como um objeto e sinto raiva. Se não me consulta, mesmo que seja porque está querendo me fazer uma surpresa agradável, fico irritada, achando que é invasivo e não respeita minhas necessidades. Mas quando um homem responde a meus desejos, acho que é muito submisso e não tem personalidade".

Algumas mulheres da geração de minhas filhas fogem das relações que incitam a dependência emocional e, conseqüentemente, as ameaçam com a asfixia, ao mesmo tempo em que temem as relações que estimulam a independência emocional, e, conseqüentemente, as ameaçam com o abandono. Querem usufruir da segurança protetora fornecida pelas maneiras tradicionais de se compreender os papéis de cada gênero e isso ao mesmo tempo e com a mesma intensidade com que querem usufruir da enriquecedora liberdade oferecida pelas novas maneiras de compreendê-los.

Aprenderam a dançar desde pequenas as coreografias das contradições amorosas: desejam um abraço que acene com a certeza de uma segurança ao mesmo tempo em que desejam aquele que prometa a exaltação de uma liberdade incondicional. Almejam um abraço que lhe garanta cuidados completos e eternos, e também outro que não lhes peça nada.

Desejam uma relação que lhes oferece tomar conta delas e satisfazer todos seus desejos, mas também as incomoda precisar de alguém. Temem que a dependência leve-as a se sentir obrigadas a fazer o que o outro quer: acham que é humilhante obedecer, mesmo obedecer a propostas amorosas de cuidado, segurança e proteção. Acham que aceitar ordens é um preço muito alto a pagar pela segurança que almejam. Desejam ser livres e capazes de satisfazer seus desejos por conta própria, mas também se preocupam com a possibilidade de a independência condená-las a ficar sozinhas: fazer o que querem exige que se libertem de qualquer relação que possa confrontá-las ou impedir que tomem decisões. Não contar com ninguém, não confiar em ninguém mais do que nelas mesmas lhes parece um preço muito doloroso a pagar pela liberdade que almejam.

Amorosamente dependentes ou poderosamente independentes? Cuidadas e submetidas ou abandonadas e livres? Como podíamos ensinar a nossas filhas qual era o melhor abraço se nós também não sabíamos?

As mulheres que não conseguem sair dos círculos viciosos das contradições afetivas não sabem como é, onde está nem como se procura uma relação amorosa que lhes permita ser dependentes e independentes ao mesmo tempo.

2. *Entre a fusão e a individuação*
Algumas mulheres da geração de minhas filhas desejam fundir-se no outro ao mesmo tempo e com a mesma intensidade com que desejam diferenciar-se do outro. Para elas, individuar-se – ser você mesmo – também é uma necessidade urgente, inapelável.

Por isso as fusões, tão almejadas, também as ameaçam: tememem deixar de ser elas mesmas. Mas o mesmo acontece com o tão mencionado respeito à individualidade: temem ficar presas na ilha da mesmice.

"Quem sou *eu*, como saber quando sou *eu mesma*, se são tantas as maneiras de ser *eu* nas quais me sinto *eu mesma?*", se perguntam mulheres como minhas filhas. Elas aprenderam desde pequenas a sonhar com o amor incondicional, absoluto, com a paz nirvânica de quem vive uma existência fundida, sem fissuras. Simultaneamente, aprenderam a sonhar com outro amor idealizado: a ilusão de uma vida em que as pessoas são indivíduos fortes e felizes, sem compromissos. Estas mulheres almejam a ausência de conflitos e acreditam que a paz do abraço só é encontrada quando um dos integrantes do casal desaparece. Ou elas desaparecem, pelo amor ao outro, ou fazem o outro desaparecer, por amor a si próprias.

Não sou a única mãe, nem minhas filhas as únicas mulheres que acreditam que a melhor forma de evitar o conflito é que soe uma só voz a cada vez. Não sabíamos falar: nem elas nem nós ouvíamos o que não queríamos escutar. Nossas filhas aprenderam com suas mães que, quando duas pessoas falam ao mesmo tempo, não há diálogo. Acreditaram que um bom diálogo consiste na emissão simultânea de dois monólogos eficientes: o da fusão e o da individuação. Nós lhes ensinamos que existem dois discursos homogêneos, monolíticos, coerentes em si mesmos, cada um convincente em si mesmo e oposto ao outro.

O monólogo da fusão amorosa afirma: somos, sentimos, pensamos e desejamos o mesmo. Promete a ausência de conflitos se o *eu* se calar e renunciar a qualquer vestígio de desejo individual e existência pessoal.

O monólogo da individuação poderosa afirma: eu sei o que sinto, quero, penso ou desejo e sei também o que o outro sente, pensa, quer e deseja. Promete a ausência de conflitos se o *nós* se calar e deixar que um (e só um) *eu* tome todas as decisões, assumindo todas as responsabilidades nesse mesmo ato.

Não falar ou não escutar, aceitar ou impor aos gritos o desejo e a voz de um dos dois que formam um casal, prometem a sólida hegemonia da verdade indiscutível ao mesmo tempo em que garantem a estrita falta de comunicação. Tanto o monólogo da fusão como o da individuação oferecem a paz, mas também o silêncio solitário.

As mulheres da geração de minhas filhas aprenderam que é preciso saber ouvir e obedecer para vencer no mundo do amor, mas também aprenderam que é preciso saber gritar e mandar para vencer no mundo do poder. Nessa confusão afetiva, desejam a paz do silêncio, mas temem sua solidão; desejam o triunfo do monólogo, mas temem sua pobreza. Acreditam que elas sabem falar e que é o outro que não quer ouvi-las. Acreditam que gritando se farão escutar. Até que descobrem que seus gritos só recebem silêncios como resposta. Não sabem quando se calar nem quando gritar: não sabem dialogar.

Algumas mulheres da geração de minhas filhas sofrem porque ainda não sabem como é, onde está nem como se procura a gramática do *eu, você, nós*, não sabem como falar de si mesmas e do outro ao mesmo tempo e com a mesma intensidade.

3. *Entre o previsível e o imprevisto*

Algumas mulheres da geração de minhas filhas desejam a segurança dos vínculos afetivos estáveis prometida pelo poder do amor na mesma medida que desejam a inovação constante das relações breves oferecida pelo amor ao poder. Por isso rejeitam a imutabilidade exasperadora das relações estáveis tanto quanto temem a fragilidade das novas relações.

Aprenderam desde pequenas a valorizar as relações que oferecem garantias de pertencimento e compromisso mútuo. Os ritos e as tradições do amor permanente funcionam para elas como um extraordinário antídoto às inseguranças causadas por um mundo onde as novidades acontecem permanentemente. Sabem que a riqueza – não apenas econômica, mas também de reconhecimento social, redes familiares e amizade – requer situações vitais previsíveis, confiáveis, estáveis. Ao mesmo tempo, aprenderam a valorizar as relações afetivas que permitem estrear uma nova modalidade de vínculo em cada encontro e surpreendem com o que acontece de repente. Aprenderam a desejar encontros inovadores, desconhecidos, exóticos, excitantes. Sabem que a riqueza requer situações vitais flexíveis, abertas à mudança e dispostas a aceitar os riscos da falta de controle.

Ficar ou partir, conservar ou mudar, enraizar-se ou expandir-se, terra ou ar, o velho conhecido ou o novo desconhecido, um pássaro na mão ou centenas voando: assim se questionam as mulheres da geração das minhas filhas, sem parar.

Natasha se queixava de eu não ser uma mãe como as de suas amiguinhas: não a buscava na saída do colégio, não me vestia ou falava como aquelas mães. Mas também se orgulhava de eu ser diferente, organizar programas incomuns e dizer coisas que aquelas não diriam. Quando eu lhe confessava meu sentimento de culpa por não ter lhe dado estabilidade e estabelecido rotinas, me consolava dizendo que ela jamais teria preferido uma vida tão chata. Mas quando lhe falava das vantagens de suas experiências vitais tão diferentes às quais eu a expunha, me recriminava a sensação de ser "folha ao vento" que essas experiências lhe causavam. Nem ela nem eu sabíamos qual das minhas contraditórias formas de ser era "a melhor", com qual *eu* lhe convinha se identificar, qual *eu mesma* lhe valia imitar.

Algumas mulheres como ela aprenderam a desejar a felicidade prometida pelo amor que dura toda a vida e também a felicidade prometida pelo amor que muda todos os dias.

Aprenderam a desejar a poderosa alegria de quem conquista uma nova pessoa a cada jornada e a amorosa alegria de quem conserva, conquistada para sempre, uma mesma pessoa.

Na fragmentação de seus sentimentos, ficam entediadas quando se vêem manietadas em uma relação amorosa estável, mas também imutável. Irritam-se com elas mesmas quando, temendo ficar sozinhas, se conformam com o abraço repetitivo, previsível, banalmente inofensivo oferecido pelos amores burocratizados. Mas também se assustam quando se vêem manietadas em relações amorosas excitantes e voláteis. Irritam-se com elas mesmas quando, temendo ficar sozinhas, perseguem o abraço mutável, imprevisível, sedutoramente perigoso oferecido pelos amores escorregadios. Ao mesmo tempo em que erotizam o perigo, banalizam a ternura, e não sabem com o que ficar.

Andrea mantém há vários meses uma relação amorosa estável. Diz: "Quero que Bill me deixe sozinha por algum tempo. Preciso de tempo para mim, para estar comigo. É uma agonia ter de vê-lo ou falar com ele todos os dias, ter de repetir as mesmas perguntas e respostas. Quanto mais me olha e mais me diz que me ama, menos eu gosto dele. Mas quando se irrita porque o maltrato e parece que vai me deixar, fico desesperada. Peço-lhe perdão. Ele me perdoa e tudo volta à mesma rotina aflitiva. Bill é uma pessoa encantadora, mas não o amo como homem, como amava Peter, o homem que me maltratou durante três anos seguidos e ainda assim continuo apaixonada por ele. Serei masoquista? Será que não suporto ser feliz e que tudo esteja correndo bem? Será que minha mãe tem razão quando diz que nenhum homem pode me dar o que eu quero porque sou complicada e peço muito?"

Algumas mulheres da geração de minhas filhas não sabem como é, onde está nem como se procura uma relação que ofereça segurança afetiva permanente e liberdade afetiva inovadora. Temem que esta relação não exista. Começam a acreditar que, por isso, nunca a encontrarão.

4. *Entre a cortesia e a franqueza*
Algumas mulheres da geração de minhas filhas desejam que suas relações incluam gentileza e honestidade. Mas também recusam amabilidades que achem submissas e crueldades ocultas em frases que parecem verdades francas e corajosas.

Desejam levar uma vida cotidiana cordial, pautada por pequenas atenções e agrados mútuos e ao mesmo tempo temem que um cuidado excessivo seja uma manifestação do servilismo típico de pessoas hipócritas ou submissas. Mas não sabem diferenciar a amabilidade e a gentileza do simples medo de defender as próprias verdades. Conta uma delas: "Fui amável com Mark quando liguei para uma amiga e ele atendeu. Havíamos ficado de sair na noite daquele sábado, mas não me ligara para confirmar nosso encontro. Pensei que ele tinha o direito de escolher com quem queria sair e eu não tinha o direito de protestar pelo fato de não ter me escolhido", diz Anne. Mas acrescenta: "Tentei agir normalmente. Fui muito educada e perguntei como estava passando, se tinha estado muito ocupado e mantive aquele blablablá por um tempo... Quando desliguei, tive de correr até o banheiro para vomitar de tão mal que me sentia".

Aprenderam também a querer levar uma vida cotidiana honesta na mesma medida que a temer a crueldade, própria ou alheia, dessa escolha. Para elas, a verdade vale por si só, embora doa: como são fortes, não querer tratar nem ser tratadas com gentilezas hipócritas ou mentiras piedosas. Mas não sabem diferenciar a verdade dita como um gesto de honesto cuidado daquela outra, pronunciada quando se quer se livrar de responsabilidades.

Diz Tamara: "Eu disse a Ronnie que não o amo tanto como ele me ama. Parece-me honesto que ele saiba disso, embora eu corra o risco de ser abandonada", e continua: "Agora ele já sabe. Se continuar comigo, é problema dele, não meu".

Algumas mulheres como minhas filhas aprenderam desde pequenas os pequenos prazeres da cortesia, mas também acreditam que só os fracos, os seres dependentes ou subalternos, devem ser tratados com gentil deferência. Sabem quando as gentilezas e amabilidades usadas cotidianamente são isso mesmo ou são simples demonstrações – próprias ou alheias – de fraqueza e submissão.

Aprenderam desde pequenas que a verdade é sagrada, mas também acreditam que os maus, as pessoas que só estão interessadas em cuidar de si mesmas, são capazes de fingir que são boas para agredir, atacar, maltratar e destruir o outro em nome da honestidade. Não sabem quando as declarações de honestidade são isso mesmo ou são, simplesmente, agressões dissimuladas e hipócritas.

Aprenderam desde pequenas que quem acredita no amor ao poder não negocia, se impõe; não pede, toma tudo o que deseja; não agradece, exige.

Mas também aprenderam desde pequenas que quem acredita no poder do amor não negocia, entrega; não pede, agradece o que lhe oferecem; não toma, dá o que o outro deseja.

Hoje elas sentem um enorme prazer quando tratam e são tratadas com gentileza, mas nunca sabem direito se esse gesto (delas ou do outro) é um ato de amabilidade ou de piedoso desprezo, de respeito ou de humilhação, de cortesia ou de submissão. Sentem também um enorme prazer quando mantêm um diálogo verdadeiro, mas nunca sabem direito se a frase pronunciada (por eles ou por elas) é honesta ou maligna, construtiva ou destrutiva, verdadeira ou cruel.

Entre o desejo de gentileza e o medo à submissão, entre o desejo de honestidade e o medo da crueldade, como agir? Seus afetos partidos levam-nas a discutir e a se opor aos seus parceiros para sentir que amam e são amadas com honestidade, mas também a procurar o consenso eliminando as diferenças e ocultando os desacordos para sentir que amam e são amadas com cuidado. Não sabem se estão procurando a amabilidade em suas relações amorosas como uma maneira eficaz de viver em harmonia ou se agem assim levadas por uma tendência ao servilismo que pode acabar em submissão. Tampouco sabem se procuram a honestidade em suas relações amorosas movidas pelo desejo de viver uma vida respeitável e respeitosa ou se agem assim levadas por uma tendência ao individualismo que pode acabar em violência.

Algumas mulheres da geração de minhas filhas se debatem entre a violência e a culpa; entre a agressão e o arrependimento; entre a submissão e a crueldade. Ainda não sabem como é, onde está nem como se procura uma relação amorosa que seja gentil e honesta; suave e firme; delicada e franca, ao mesmo tempo e com a mesma intensidade.

5. *Entre o relaxamento e a exaltação*
Algumas mulheres da geração de minhas filhas desejam tranqüilidade e exaltação em suas relações. Recusam a apatia e o tédio mascarados pela calma afetiva tanto como temem os perigos imprevistos, inerentes à excitação afetiva. Mas não sabem diferenciar entre a tristeza do vazio apático e a calma da satisfação doméstica; entre a atenção requerida quando se quer se aventurar por novos caminhos na vida e a tensão exigida quando se aposta a vida em jogos de azar.

Estas mulheres aprenderam cedo a desfrutar os encantos de uma tarde longa e tranqüila em casa, saboreando com calma os bolos que suas avós e suas mães assavam. E exatamente o contrário: aprenderam também cedo a temer, a rejeitar e até a odiar o silêncio, a solidão, a falta de estímulos de uma casa dominada pela mera rotina familiar. Deleitam-se com as atrações dos teatros, dos restaurantes, com as festas agitadas, o cheiro dos aeroportos e as músicas de todo o mundo que lhes foram apresentadas por suas mães ou seus pais *globe-trotters*. Mas também enlouquecem tentando não perder nada: querem experimentar e desfrutar tudo, o tempo todo.

Algumas mulheres como minhas filhas se debatem entre as vantagens da vida caseira e as da mundana. Vivem se perguntando se preferem cuidar de um lar estável a viver – talvez despreocupadas – em espaços transitórios; se precisam mais da proteção de cenários conhecidos ou da liberdade que sobrevém quando se passa de uma experiência refulgente e passageira a outra. Não sabem se devem se entediar com um marido que lhes garanta a angustiante rotina cotidiana tranqüilizadora ou se divertir com um marido que lhes garanta a angustiante excitação do jogo de segredos e procuras, enganos e confissões, armadilhas que atraem e capturam; gato e rato, rato e gato jogando a fascinante, mas insatisfatória e eterna perseguição amorosa.

Conhecem as vantagens da urgência – a adrenalina, as metas a superar, as mudanças permanentes, a corrida para não ficar para trás – e compreendem que no mundo profissional vence quem corre mais depressa. Mas também conhecem as vantagens das pausas – os descansos, os tempos para desfrutar a vida que transcorre, a satisfação de não precisar de mais nada e estar em paz – e compreendem que no mundo dos afetos vence quem sabe viver o momento.

Hoje, algumas mulheres da geração de minhas filhas parecem viver em uma permanente montanha-russa: ainda não sabem como é, onde está nem como se procura uma relação que lhes permita desfrutar a calma e a excitação; a tranqüilidade e a exaltação; o zênite e o nadir; a noite e o dia; a alegria sossegada do outono frutífero e a exuberante da primavera florida.

6. *Entre a atenção aos demais e a atenção a si mesma*
Várias mulheres da geração de minhas filhas desejam que suas vidas afetivas sejam generosas e convenientes. Rejeitam o sacrifício exigido pelas formas tolas de ser generoso, mas ao mesmo tempo temem a indiferença requerida pelas formas egoístas de procurar a própria conveniência.

Aprenderam a desfrutar o prazer da entrega e a comunhão afetiva sentida por aqueles que compartilham generosamente suas riquezas materiais e espirituais. Mas não querem se sentir saqueadas por aqueles que se aproveitam da bondade alheia. Não sabem diferenciar quando são boas de quando são tolas. Aprenderam também a escolher situações e amizades que as enriqueçam, nutram e lhes convenham em seu caminho de progresso intelectual, afetivo, cultural, social. Mas não desejam se sentir como vampiros que cultivam apenas as relações afetivas que lhes convêm: não querem saquear nem se aproveitar de ninguém. Não sabem diferenciar quando são fortes e quando são más.

Natasha e Paula não me acusavam de tola ou egoísta, mas de arbitrária. Nunca entenderam meus critérios para decidir quando tinham de ser generosas até o ato extremo de dar seus brinquedos de presente, nem quais os pertences que eu considerava valiosos e elas não deviam nem sequer emprestar. Recriminavam-me o fato de eu ser muito generosa em certas ocasiões e, em outras, muito egoísta. Por exemplo, com uma generosidade que elas achavam tola, eu pagava todos os cursos que inventassem sem sequer permitir que definissem quais queriam realmente freqüentar. Ou, com um egoísmo que não conseguiam entender, não deixava que comprassem alguma roupa se eu não gostasse dela, se não aprovasse seus gostos. Não sabiam se deviam se aproveitar da minha generosidade arriscando-se a se sentir maquiavélicas ou tolerar meu egoísmo correndo o risco de se sentir submissas.

Nas atividades profissionais, algumas mulheres da idade de minhas filhas defendem com firmeza seus desejos, necessidades, pontos de vista, idéias e sentimentos: pensam ao mesmo tempo em si mesmas e no outro. Podem ser boas e escolher o mais conveniente para o outro, porque são fortes e sabem o que lhes convém.

Mas em sua vida emocional não são tão bem-sucedidas. Ouviram desde pequenas que quem se beneficia são especuladores, pessoas más, gente que não se interessa pela comunidade, indivíduos que não respeitam as regras da sociedade nem estão interessados no outro. Ouviram que aqueles que fazem o que lhes convém não amam de verdade. Aprenderam que é melhor ser generoso e fazer feliz a pessoa amada, satisfazer todos seus desejos e resolver todas suas necessidades. Não querem ser egoístas; não desejam se transformar em saqueadoras, ladras ou assaltantes de afetos e beneficiar-se da generosidade ou da tolice alheia. Não querem ser mais amadas do que amam. Mas tampouco querem amar mais do que são amadas. Não estão dispostas a roubar nem a permitir que sejam roubadas.

Aprenderam que precisam ser duras e convexas para penetrar nos territórios do poder, e suaves e côncavas para resguardar a ternura que permite vencer nos territórios do amor. E – hoje – rejeitam por igual a ingenuidade daqueles que entregam tudo sem esperar nada em troca e a maldade daqueles que se apropriam da vida alheia sem entregar nada em troca.

Mas como fazer somas e subtrações no terreno afetivo, como conduzir a contabilidade do amor? Quando mostram interesse pelo outro sem avaliar conveniências, suspeitam de que o outro possa se aproveitar delas. Temem ser tolas se amarem muito. Mas suspeitam de que possam ser capazes de se aproveitar do outro se não revelarem seu jogo no plano dos sentimentos. Temem ser manipuladoras se especularem muito. A indefinição de seus sentimentos transforma estas mulheres em suas próprias perseguidoras. Dispersam-se, pois não são capazes de priorizar ou de examinar suas emoções contraditórias para alcançar algum tipo de saber estável sobre elas mesmas. Não sabem se ganham mais entregando generosamente seu amor sem medir quanto dão ou poupando-o especulativamente até nem mesmo saber se, realmente, estão amando. Não sabem ser boas, agindo segundo suas emoções sem esperar nada em troca, ou ser fortes, escondendo seus pensamentos até ter certeza de que o outro está interessado nelas. No afã de maximizar este tipo de ganho, as relações amorosas, misteriosamente, lhes escorrem entre as mãos.

Algumas mulheres da geração de minhas filhas estão desconcertadas. Já que sentem como boas e pensam como fortes, se perguntam por que ainda não sabem como é, onde está nem como se procura uma relação afetiva que seja generosa e conveniente para cada integrante do casal.

7. *Entre o pragmatismo e o idealismo*

Algumas mulheres da geração de minhas filhas procuram uma relação que se assemelhe por completo ao ideal do mundo do amor ao mesmo tempo em que sabem que a realidade define o possível, como aprenderam no mundo do poder. Rejeitam a ingenuidade das ilusões românticas tanto como temem o cinismo e o ceticismo amoroso.

Aprenderam a querer ter sentimentos que não apresentem dúvidas, uma afirmação da beleza da vida. Ao mesmo tempo, aprenderam a querer ter pensamentos que não apresentem dúvidas, uma afirmação da lealdade da vida. Não sabem qual certeza é mais certa, qual afirmação mais verídica: se pode quem quer ou se quer quem pode; se é melhor crer ou saber; se a vida é um belo sonho ou a morte, um pesadelo horrível.

Minhas filhas se queixavam de que não permiti que acreditassem em Papai Noel ou nos Reis Magos. Não gostavam de escolher seus próprios presentes e muito menos que eu lhes comprasse coisas úteis quando faziam aniversário. Preferiam ter a ilusão de que alguém adivinharia seus desejos sem que elas precisassem explicitá-los. Desejavam acreditar na existência mágica de um ser que as surpreendesse agradavelmente, capaz de saber do que precisavam antes delas mesmas. Ao mesmo tempo, desprezavam suas amiguinhas crédulas: achavam que eram infantis quando comemoravam com entusiasmo os rituais comercializados alimentados por seus pais. Minhas filhas preferiam não ter que se conformar com as surpresas que recebiam, nem fingir que gostavam daquilo que achavam inadequado. Pareciam achar que nada superava o realismo para que se sentissem seguras na vida e pudessem evitar imprevistos desagradáveis.

Mulheres da geração de minhas filhas continuam sem resolver se querem ter relações ideais ou reais. São românticas, mas se desprezam quando se sentem muito ingênuas e não calculam os riscos de um vínculo. São realistas, mas se desprezam quando se sentem muito cínicas, quando aceitam simplesmente as imperfeições.

Estas mulheres se debatem entre o medo de roubar e o medo de ser roubadas, entre o medo de explorar e o medo de ser exploradas, o medo de caçar e o medo de ser caçadas; entre o medo da ingenuidade e o do cinismo; entre o desejo de acreditar e a necessidade de saber. Ainda não sabem como é, onde está e nem como se procura uma relação idealista e romântica e ao mesmo tempo realista e pragmática.

Ao aprender as regras do poder e as regras do amor, estas mulheres desenvolvem habilidades e necessidades tão opostas que se anulam entre si. Dominaram gestos e linguagens contraditórios, descobriram sentimentos e pensamentos que se destroem mutuamente. Não sabem o que sentem, quem são, como amam nem como querem ser amadas. Giram como piões enlouquecidos e enlouquecedores ao ritmo de seus desejos contraditórios: possuir e ser possuída, manipular e ser manipulada, confiar e desconfiar, acreditar e desacreditar, entregar-se e se apoderar, controlar e descontrolar-se, parar e continuar. Não sabem como se definir afetivamente: só vêem fragmentos, pedaços de amores partidos, peças que não se encaixam em um mosaico de amores totais, completos, ideais.

Estas mulheres, algumas delas, permanecem neste torvelinho de fragmentos: tão multifacetadas como confusas; tão fascinantes como exasperadas; tão radiantes de energia como de desespero; tão cheias de esperanças como de desilusões; atadas entre a ideologia do poder do amor, que lhes exige amar como se fossem apenas boas, e a ideologia do amor ao poder, que lhes exige amar como se fossem apenas fortes.

6. Epidemia de desconfiança amorosa

Michele, uma jovem americana nascida e criada em uma tradicional família de Boston, goza de inquestionável sucesso profissional em uma famosa firma de advogados de Nova York. Interessada em encontrar um companheiro de vida, embarca em sua procura amorosa com tanta tenacidade, rigor, disciplina e esforço como os que dedica a suas atividades profissionais. No entanto, os resultados de seu empenho em sua vida amorosa não se igualam em êxito aos de sua vida profissional.

Ela relata sua relação com Juan, um colega colombiano de uma família tão tradicional quanto a dela e que trabalha em uma firma de advogados igualmente prestigiada: "Creio que a razão de meu sucesso no trabalho se deve ao fato de me sentir rejeitada pelos homens e ter de provar a mim que sou alguém. Mas todas as honrarias que recebo não conseguem apagar meu horrível sentimento de ser menos do que as outras porque estou sozinha. Os homens me rejeitam sem parar, todos se comportam como jogadores; eu fico com a sensação de que tenho um pouco de tudo e nada substancial de algo que me importe. Não sei jogar com eles. Piorei desde que nasceu o bebê de minha irmã. No domingo me deitei com Juan sem querer fazer amor com ele, porque estamos nos vendo há seis meses quase todas as noites e ainda não me disse que me ama. Senti-me masculina, como se minha sexualidade tivesse sido contagiada pela dos homens, como se ter relações sexuais fosse um esporte no qual é necessário demonstrar habilidades corporais, mas evitar sentimentos que possam comprometer o *desempenho*, uma atividade como outra qualquer na vida cotidiana das pessoas que trabalham na *city*. Para piorar, no dia seguinte não consegui trabalhar esperando que Juan me ligasse: não conseguia parar de olhar para o telefone. Não suporto essas crueldades que ele me faz. Na noite da segunda-feira sonhei que um homem cujo rosto não via me abraçava pacificamente, com muita ternura".

Pergunto-lhe por que, se Juan é tão cruel, insiste em continuar com ele. Ela responde: "Bem, a verdade é que não havíamos combinado que me ligasse. Mas não suporto não saber onde está ou o que faz quando não estamos juntos. Eu queria que me ligasse, embora soubesse que nós dois estaríamos muito ocupados durante a semana e não poderíamos nos encontrar". Pergunto-lhe por que não lhe pediu que ligasse. Responde: "Porque tampouco queria que ele conseguisse o que queria. No final, sou eu quem sempre lhe pede. Agora penso que não vou responder quando me ligar. Mas tenho medo de me arrepender, e se ele não insistir vou me sentir pior".

Algumas mulheres da geração de minhas filhas desejam as vantagens de um modelo amoroso, mas ao mesmo tempo temem as desvantagens conseqüentes. Querem gozar da dependência afetiva, da sensação de se entregar a alguém que cuide delas, decida por elas e pense por elas, mas temem perder a independência afetiva e a liberdade de tomar as próprias decisões. Querem gozar o calor de um *nós*, mas temem perder a energética afirmação de um *eu*. Querem gozar da calma de uma relação afetiva estável, gentil, generosa e idealista, mas temem perder os prazeres das relações afetivas inovadoras, honestas, excitantes, convenientes e realistas. Desejam se dedicar apaixonadamente a suas profissões, mas temem se sentir mães más ou esposas más se o fizerem. Desejam se empenhar no cuidado de seus filhos e seus lares, mas temem se sentir tolas e relegadas ao esquecimento se o fizerem. Georgina, uma arquiteta que resolveu deixar sua profissão para cuidar de suas gêmeas, se irrita quando o marido diz em público: "Minha mulher se dedica a nossas filhas". Recrimina-o: "Você se esquece de que sou uma profissional?" Mas também se irrita quando diz: "Minha mulher é arquiteta". Critica-o: "Você se envergonha de que sua mulher não trabalhe, acha que é pouca coisa ser mera dona-de-casa". Mulheres como ela querem ser honestas e não recorrer a manipulações afetivas para despertar a atenção dos homens. Mas quando agem dessa maneira, correm o risco de se acusar ou de ser acusadas de irracionais, temperamentais ou descontroladas. Querem ser determinadas e ambiciosas. Mas quando agem dessa maneira, correm o risco de se considerar ou de ser consideradas muito agressivas e materialistas. Querem agir com decisão, mas se sentem autoritárias; querem se mostrar pró-ativas, mas são vistas como invasoras. Querem defender o respeito mútuo, mas sabem que, quando agem desta maneira, correm o risco de ter de enfrentar a falta desse respeito.

Bill, um jovem judeu norte-americano talentoso que tem tido um belo desempenho no mundo artístico, escreve a Andrea: "Sinto-me profundamente envergonhado por ter gritado com você ontem à noite. Peço-lhe desculpas por tê-la chamado de insensível, ter dito que é uma pessoa má. Este e-mail não é uma justificativa, mas uma maneira de tentar entender por que fico tão violento quando você não suporta que a elogie. Quando lhe disse como você é especial para mim e o quanto queria que nossa relação crescesse e crescêssemos juntos, você me respondeu com um longo silêncio. Quando lhe perguntei em que estava pensando, você me disse que estava preocupada com seu trabalho atrasado. Senti como se tivesse me esbofeteado. Não quero uma mulher que não tenha vida própria, mas tampouco me faz bem uma que não me deixa entrar em sua vida. Já me comportei assim em outras relações, mas não quero isso com você. Odeio que não confie em mim, e agora me dou conta de que ao me irritar causo seu afastamento, exatamente o contrário do que queria conseguir."

Mas, algumas semanas mais tarde, Bill contou a um amigo: "Não sei se estou tão apaixonado por Andrea. Às vezes me parece uma mala insuportável, uma histérica que adora castrar os homens. Mas se lhe expuser minhas dúvidas, será pior: vai me deixar no ato. E não estou disposto a permitir que ela decida quando terminaremos nossa relação. Pelo menos, quero que se dê conta de que ela também vai perder algo de bom se a gente parar de sair".

Juan, o homem com quem Michele se deitou sem vontade, diz: "Michele é perfeita. É linda, inteligente, sensível, independente. Estou certo de que minha mãe gostaria muito dela. Não sei por que não consigo lhe dizer 'te amo'. Não consigo me mostrar carinhoso com ela. Creio que não quero que me ame porque temo desiludi-la. Não me sinto capaz de amá-la como ela merece. Não gosto de tratar as mulheres como se fossem bagaços de laranja que jogo na lata do lixo depois de ter extraído todo o suco, mas não posso evitá-lo. Preciso delas imensamente. Não posso viver sem o amor de uma mulher. Tenho medo de acabar com uma que só está interessada em se casar, mas não me ama por mim mesmo; ou com uma que agarrei desprevenido, já cansado de vagabundear, e me capture sem que eu me dê conta."

Alguns homens da geração de minhas filhas não sabem como se comportar no mundo do amor. Conhecem as vantagens de ser sensível, espiritual, democrático e receptivo às necessidades, às opiniões e aos desejos dos outros. Mas também as desvantagens de ser idealista, viver no ar, parecer inocente. Cresceram aprendendo a admirar, amar e respeitar as mulheres, mas também a ter medo de parecer bobo quando caem nas artimanhas femininas.

Eles também temem ser fracos quando são bons, e temem ser maus quando são fortes.

Michele e Juan, Andrea e Bill se irritam quando sentem que seus parceiros tratam-nos como se fossem fracos; quando se sentem humilhados, maltratados, desprezados. Mas também se angustiam quando se sentem maus, quando sentem que humilham, maltratam, desprezam.

As mulheres e os homens da geração de minhas filhas que aprenderam as vantagens do amor ao poder e do poder do amor têm dúvidas a respeito de seus afetos. São fortes que não querem ser maus, são bons que não querem ser fracos. Mas não sabem como ser fortes sem ser maus nem bons sem ser fracos. Vivem em um estado permanente de contradição emocional: quando conquistam a liberdade, sentem que perdem segurança; quando conquistam a segurança, sentem que perdem liberdade.

Não querem ser parecidos com seus progenitores: não querem ficar com um só pedaço do mundo afetivo dicotômico. Não querem viver emocionalmente destroçados, como viram que suas mães e seus pais viviam. Almejam desfrutar todas as vantagens oferecidas pelas duas ideologias amorosas e evitar todas as desvantagens. Mas não sabem em que consiste uma relação amorosa forte e boa. Querem tudo, mas temem ficar sem nada: têm dúvidas a respeito de seus sentimentos e dos alheios. Não sabem como escolher. Não sabem como priorizar seus desejos. Não sabem que maneira de ser, que forma de se relacionar, que abordagem do amor lhes trará mais felicidade na vida. Não sabem o que desejam e nem por que são desejadas ou desejados; nem elas nem eles sabem o que oferecem e o que pedem na relação amorosa. Não sabem se lhes convêm escolher alguém para se casar ou para caçar; para desfrutar da ternura ou para gozar da paixão; para construir uma família estável ou para expandir a liberdade individual.

Quando aspiram a todas as vantagens e a nenhuma das desvantagens dessas ideologias amorosas, essas mulheres e esses homens descobrem que carecem de certezas porque acreditam em tudo do mesmo modo que duvidam de tudo. Nesse estado, não há certeza possível.

Alternam comportamentos surpreendentes. Às vezes, recorrem a uma severidade e a uma lucidez quase céticas, a uma determinação guerreira em suas demandas afetivas. Seus olhares e seus comentários assustam. Mas outras vezes exibem uma fragilidade e um idealismo quase ingênuos, uma insegurança humilhante em suas demandas afetivas. Seus rostos apagados e suas idealizações são de dar pena. É difícil entender se suas dificuldades se devem a uma profunda desvalorização ou a um orgulho desmedido, a uma extrema dependência ou a uma independência exagerada.

Em suas relações amorosas, elas e eles sofrem. Sofrem tanto quando se sentem vítimas como quando se sentem algozes; tanto quando se sentem fracos e humilhados como quando se sentem cruéis e maus. Não sabem como classificar o que sentem, não sabem que nome, forma ou cara tem o amor que procuram. Não sabem contabilizar seus ganhos e suas perdas amorosas. Às vezes acham que são masoquistas, insensíveis, insatisfeitos por natureza. Acreditam que amam pouco ou muito – nunca o suficiente, o adequado, o cabível. Mas esses diagnósticos não são corretos. Essas mulheres e esses homens sofrem porque são, ao mesmo tempo, muito desconfiados e muito crédulos.

Desconfiam: sabem que para progredir na vida é necessário ser livre, não precisar de nada de ninguém, jamais perder a cabeça nem deixar que os sentimentos interfiram no caminho da ambição. Mas também acreditam: sabem que não há prazer maior do que o de se sentir seguro nos braços de outro nem existe mais liberdade do que a de se declarar – como disse Octavio Paz – "escravo do amado". Desconfiam: sabem que os ganhos no mundo do poder aumentam quando a pessoa se aproveita das hesitações, dos erros e das fraquezas do companheiro de jogo que, por definição, é um inimigo a quem se deve anular ou fazer desaparecer. Mas também acreditam: sabem que os ganhos no mundo do amor aumentam quando são levadas em conta apenas as virtudes e os méritos do ser amado. Não sabem como fazer o que querem, não sabem se devem ser fortes ou desconfiados, e ao mesmo tempo fazer o que o outro quer, ser bons e confiantes.

Estranho amor, esse que define como manipulação as tentativas de cautela, como hipocrisia o esforço contra o ceticismo e como covardia os gestos amáveis. Estranho amor, esse que transforma em perdedores aqueles que vencem e em vitoriosos aqueles que perdem. E estranho esse amor ao poder que condena a desconfiar, para se defender, desse poder do amor que condena a acreditar.

Desconfiar ao procurar confiança. Amar tentando não amar. Não amar tentando amar. Assim se intitulam as danças amorosas dessas mulheres e desses homens que temem tanto ser maus que se transformam em fracos e temem tanto ser fracos que se transformam em maus; que procuram tanto a perfeição afetiva absoluta que se infectam mutuamente de desconfiança amorosa. Essas pessoas tão complexas se reconhecem mais do que se entendem. E se atraem mais do que admitem. Intuem que o outro é um ser afetivamente estranho, diferente, talvez único; intuem que se trata de um ser cheio de força e de bondade, mas não conseguem desvelar se se trata de uma estranheza perigosa ou maravilhosa, de uma diferença bondosa e bela demais ou extraordinariamente maligna e feia. Não se parecem com as formas de força e fraqueza, de bondade e maldade que eram vistas nas gerações anteriores: a força e a debilidade, a bondade e a maldade não são como costumavam ser. Então, não entendem o que vêem nem sabem mostrar o que querem que o outro veja. E, a cada encontro, se desconcertam mais e mais, temem e desconfiam mais e mais.

Nas relações amorosas, algumas mulheres e alguns homens não sabem.

As mulheres fortes que não querem ser más (e também os homens) não sabem, mas se negam a resolver esse desconhecimento com as ferramentas do terreno profissional: se recusam a pensar.

Acham que seus problemas se devem ao fato de pensarem muito; acreditam que a inteligência as impede de sentir como é cabível. Acreditam que, se são fortes, não são boas; se fazem o que querem, são maquiavélicas; se não se entregam aos sentimentos sem pensar, não amam o suficiente. E, em um supremo ato de amor ao amor, decidem não pensar em suas relações. Invocando o milagre do encontro ideal, só vão sentir para ser boas.

Não verão nem entenderão aquilo de que não gostem nos homens ou em si mesmas. Acreditarão. Arbitrariamente, sem mais informações do que seus desejos, se convencem de que amam e são amadas. Baseiam essas decisões em sentimentos que não podem ser pensados. Resolvem ser otimistas e não se preocupar com as conseqüências de uma decisão amorosa mal tomada porque temem afugentar com o pessimismo as escassas possibilidades de amor que parecem existir para mulheres como elas.

Desesperadas em combater dentro do cinismo, cerceiam uma parte importante delas mesmas e se dedicam apenas a sentir. Afirmam que amor pensado não é amor.

As mulheres fortes que não querem ser más afirmam que, se depuserem a arma poderosa da inteligência – que é a capacidade de pensar e entender o que acontece no jogo amoroso –, deixarão de duvidar. Tentam se convencer de que o amor é uma questão de pele ou de química, e que aquela sensação de mariposas no estômago é tudo que precisam para saber se encontraram o verdadeiro amor. Acreditam que, se precisarem fazer algum esforço para entender o que causou a atração, de que tipo de encontro se trata ou quais serão as conseqüências daquela relação, encontrarão uma coisa que não é amor. Afirmam que o amor é mágico ou não é amor.

Acham que quando se indagam, conferem a informação afetiva própria e avaliam a alheia, enfim, acreditam que quando tentam averiguar se o abraço oferecido é confiável e seguro, o poder de atração do mistério desaparece e com ele o desejo da conquista. Acreditam que o amor se desvanece quando se transforma em conveniência. Afirmam que o amor não é conveniente.

Quando vencem usando suas habilidades de pessoas fortes, avaliando o companheiro e a si próprias com a exatidão de que são capazes, se suspeitam más. Portanto, perdem pontos no mundo do amor. Decidem, então, que se estão querendo sentir não devem procurar se informar nem tentar compreender os sentimentos próprios ou alheios, nem perder tempo dialogando ou se cuidando. Decidem que a melhor prova de amor verdadeiro é se entregar sem avaliar os riscos, deixar-se levar por uma voluntária perda de controle. Acreditam que, deixando-se levar, chegarão à epifania do abraço completo e total. Afirmam que o amor cauteloso não é amor.

Para se apaixonar como querem – irracional, passional e perdidamente –, rejeitam a realidade. A verdade será aquilo que se sentir sem ver, sem olhar, sem pensar, sem entender. O amor deve combinar, em uma fórmula estranha e apaixonada, suspeita e credulidade, desconfiança e ingenuidade. Afirmam que o amor realista não é amor.

Como temem ser más, se tornam fracas. Anulam, por vontade própria, sua inteligência e se transformam em tolas sem capacidade de discernimento amoroso. Rejeitam ou se negam a conhecer qualquer dado que possa levá-las a desconfiar. Insistem em dar ao outro o benefício da dúvida porque também o pedem para elas. Agem como se o amor não tivesse outra forma além da que William Shakespeare lhe confere em *Sonhos de uma noite de verão*: um feitiço, um deslumbramento, uma espécie de embriaguez.

Os homens bons que não querem ser fracos (e também as mulheres) não sabem como agir em suas relações, mas se negam a resolver esse desconhecimento com as ferramentas do terreno profissional: se recusam a sentir.

Acreditam que seus problemas surgem porque sentem: acreditam que a sensibilidade impede de pensar como se deve. Crêem que quando se é bom não se é forte; que quando fazem o que o outro quer são tolos; que quando se entregam aos sentimentos sem raciocinar, amam em excesso. E, em um supremo ato de amor ao poder, resolvem não sentir suas relações amorosas: só vão pensar, para ser fortes e se proteger dos riscos dos encontros traiçoeiros e dos abraços parciais.

Decidem cercear dentro de si qualquer sentimento que os "amoleça" e os exponha ao perigo de ser presos onde, como e por quem não querem sê-lo.

Temendo desaparecer na entrega amorosa, tentam esquecer que sentem, o que sentem e como sentem. Arbitrariamente, sem outras informações além de seus temores, se convencem de que não amam se são amados. Baseiam suas decisões em pensamentos que não é possível sentir. Decidem ser céticos e não acreditar em nenhuma possibilidade amorosa. Em uma tentativa desesperada de se proteger, afugentam qualquer sinal de otimismo. Tentam se convencer de que o amor é um conto de fadas em que as bruxas vencem.

Aquelas (e aqueles) que acreditam e aqueles (e aquelas) que desconfiam supõem que conhecem a verdade, mas tanto os sentimentos impensados quanto os pensamentos não sentidos são meias-verdades. Nem elas nem eles percebem que a credulidade ou a desconfiança são sentimentos que determinam atitudes e decidem condutas como se suas conclusões estivessem fundamentadas em certeiras informações racionais. Tanto os crédulos como os desconfiados ordenam que os olhos vejam o que o coração sente.

Aqueles que resolvem não pensar e aqueles que decidem não sentir circulam quase sempre entre a desconfiança e a credulidade, entre a idealização e a desilusão. Ambos procuram uma relação amorosa que leve ao sossego, mas ambos criam relações que provocam sofrimentos e ameaças, ciúmes e medo do abandono. Ambos acreditam que o amor, quando é real, se apropria da vida e da identidade de quem ama.

Quando as estratégias defensivas das mulheres e dos homens fortes que não querem ser maus se combinam, seus dolorosos desencontros se agravam. Acreditando que se fortalecem, ambos se tornam mais frágeis no terreno do amor: elas abandonam os ensinamentos do poder, eles os do amor. Como resultado, ambos se movem ao ritmo marcado pelas desconfianças e credulidades daqueles que se negam a pensar no amor. Como sinal de amor em relação ao outro, não tomam medidas preventivas: se descuidam. Para não parecer desconfiados, agem como crédulos. O descuido os expõe a riscos: se sentem machucados, atacados, mal-amados; adotam medidas defensivas exageradas que o outro interpreta como sinais de guerra. Para não parecer crédulos, agem como desconfiados.

Esta coreografia amorosa começa com um encontro: se olham, se cheiram, se reconhecem. Suspeitam que têm algo em comum, e têm razão. Só um homem complexo pode entender as complexidades afetivas de uma mulher complexa, e vice-versa. Mas ambos temem parecer maus ou fracos, ou descobrir que seus companheiros de dança amorosa o são. Temem a possibilidade de estar mais interessados no outro do que o outro neles e correr assim o risco de se mostrar fracos, vulneráveis, dependentes. Mas há também a possibilidade inversa: estar menos interessados no outro do que o outro neles e correr assim o risco de se sentir maus, cínicos ou indiferentes. Ambos temem tanto rejeitar como ser rejeitado. Para se proteger, não revelam o que sentem: não se olham nos olhos, não exploram a intimidade.

A dança continua em uma caótica seqüência de desencontros e mal-entendidos, desconfianças e credulidades. Ninguém quer dar o primeiro passo, ninguém quer revelar a confusão de suas emoções, ninguém quer se mostrar mau ou se sentir fraco, como recordam que seus pais e suas mãe se comportavam – alternadamente, em um constante jogo de sobe e desce, de puxa e afrouxa. Só revelam uma de suas partes: quando querem permitir que os conquistem, falam de sua bondade; quando querem conquistar, falam de sua força. Não se descobrem por inteiro, mas tampouco descobrem o outro por inteiro, pois, no plano do amor, ignoram a maneira de se comportar como fortes e bons ao mesmo tempo.

Nessa dança de mascarados, de mulheres e homens que não se mostram tal como são porque não sabem como são, ninguém conhece o outro. Continuam se movendo sem saber se lhes interessam os companheiros de jogos e sem deixá-los saber se estão interessados neles. Ninguém pergunta nada, ninguém confessa nada, ninguém dá sinais claros de interesse ou desinteresse. Trata-se de seguir tentando descobrir quem é o outro sem revelar a si próprio: a dança do amor cego, surdo e mudo.

Quando algum dos bailarinos se anima a dar algum passo verdadeiro nesse ritmo de desconfianças e encobrimentos, o outro – que não sabe como ler esse movimento – reage sem parar para comprovar se o que sente corresponde à realidade. Não pensa, age. Quando se sente atacado, ataca; quando se sente abandonado, abandona. O destinatário dessa reação a um gesto que não teve a intenção de agredir reage por sua vez sem parar para pensar que o outro pode tê-lo interpretado mal. Vendo-se atacado, ataca. Vendo-se abandonado, abandona. E assim é inaugurada a escalada de violências intencionais, originada em um círculo vicioso de mal-entendidos afetivos.

Como mostram as tragédias gregas, alguns finais desastrosos são produzidos por mal-entendidos. Amigos são confundidos com inimigos, declarações de paz são consideradas declarações de guerra. A moral destas peças magistrais nos ensina que, quando estamos obstinados em lutar, conseguimos nos convencer de que até a demonstração de amor mais explícita é uma ameaça da qual devemos nos defender. Teria sido possível evitar esta série de desencontros amorosos? Teria sido possível evitar alguns destes erros trágicos? Quem deu o primeiro passo se esquece logo do que sentia naquele momento. Agora, ambos se sentem justamente invadidos pela raiva ou pela tristeza. Ambos se sentem realmente atacados ou abandonados. Agora se encontram igualmente atados em um clima de enfrentamento, de desconfiança, de guerra. E cada um tenta se convencer de que é o fraco do casal, e o outro, o mau.

Mas o verme da dúvida os atormenta: apesar de ambos se sentirem injustamente atacados e explicarem aos amigos ou às famílias que a culpa é do outro, eles se perguntam: "Queria me atacar ou me abandonar, ou fui eu que o provoquei?" Cada um deles teme ter sido o mau do casal, e o outro, o fraco.

Ambos continuam dançando, por medo de confirmar – mais uma vez – que se equivocaram: ou foram muito maus e não souberam amar ou foram muito fracos e não souberam ser amados. Quando se acham maus, começam a agir como se fossem fracos, para serem perdoados pelo suposto bom. No entanto, esta admissão da culpa não funciona: ninguém se sente tão mau ou tão fraco como demonstra. Ambos sabem que são fortes e bons e sabem que o outro também o é, mas não dispõem de um código que lhes permita entender estas raras formas de bondade e força.

Mulheres e homens que não sabem ler seus próprios sentimentos tampouco sabem ler os alheios. Por isso correm o risco de se sentir injustamente atacados em resposta a gestos que emitiram tentando se aproximar, mas que o outro interpretou como uma declaração de guerra. Por isso correm o risco de se sentir imerecidamente amados quando interpretam sinais que só foram emitidos com intenção de amabilidade como se fossem desmedidas e comprometedoras declarações de amor. A suspeita de uma agressão injusta ou de um afeto imerecido aumenta a desconfiança em si mesmo e no outro, e com ela avançam também as dificuldades para que se dê o encontro tão desejado. A dança das desconfianças e credulidades termina em um frenético e inevitável ritmo de ceticismo amoroso.

Estas mulheres e estes homens que têm os afetos partidos esquecem que para dançar em par são necessários dois. Saltam do ritmo da desconfiança, em que atacam ou abandonam para se proteger do desamor, ao ritmo da credulidade, em que se submetem ou se descuidam para se entregar ao amor. Mas nunca dialogam. Não lhes ocorre procurar cumplicidades com o outro, aprender a dançar o amor com o outro. Não lhes ocorre que, quando se quer saber, o primeiro passo é reconhecer que não se sabe e perguntar.

Aqueles que desconfiam não sabem se são justos ou injustos quando se defendem ou atacam. Quando se sentem maus por desconfiar, se castigam exigindo-se mais credulidade, mais ingenuidade, mais fraqueza. Quando se sentem muito fracos, se assustam, endurecem e atacam; quando se consideram muito fortes, temem não saber amar e deixam de pensar. Esse círculo vicioso alimenta o sistema de contágio da desconfiança amorosa.

A epidemia se expande mais rapidamente entre aqueles que jogam melhor os contraditórios jogos do poder e do amor. A desconfiança protege da credulidade que protege do cinismo que protege da ingenuidade que protege da desconfiança... Mas tanto a desconfiança cínica como a credulidade ingênua impedem ver o que o companheiro de dança amorosa procura nesse encontro. As duas estratégias defensivas funcionam como armaduras impenetráveis que criam obstáculos para a verdadeira intimidade. As duas estratégias ocultam medos, fraquezas e inseguranças, mas também funcionam como detonadores da caçada amorosa, e os companheiros se transformam em caçadores e presas ao mesmo tempo. Nesta forma de amar, todos perdem: o crédulo caçado, porque se sente fraco; o predador desconfiado, porque se sente mau.

Como fazer para evitar que a competição destrua o amor? Como fazer para não humilhar nem se humilhar, submeter ou se submeter, maltratar ou se deixar maltratar? Como duas pessoas fortes devem se relacionar sem que uma destrua a outra? Como duas pessoas boas devem se relacionar para que uma não aborreça a outra? Como viver em um constante estado de alerta fazendo o que se quer e, ao mesmo tempo, viver em um permanente estado de paixão fazendo o que o outro quer? Como se entregar sem deixar de se proteger? Como se proteger sem deixar de se entregar? Como ser, ao mesmo tempo, amado-caçador e amante-caçado, objeto do desejo e sujeito que deseja? Ninguém sabe. Mas as dificuldades se aguçam porque cada um pensa que o outro sabe e não quer lhe dizer. E se, quando chega, a resposta é uma confissão de ignorância e desejo de aprender juntos, não ficam satisfeitos. Chegaram ao ponto em que o amor possível não lhes parece amor, exatamente porque é possível.

Um vasto panorama de ofertas complica a falta de critérios para escolher um estilo de vida ou um modelo amoroso. Estas mulheres e estes homens podem viver sozinhas e sozinhos, ou em comunidade, ou em casais homossexuais, ou em casais heterossexuais tradicionais ou alternativos. Podem resolver não ter filhos, ou adotá-los, ou criar os alheios, ou ser mães ou pais que assumem por completo a responsabilidade da criação, ou compartilhá-la com os pais e as mães biológicos. Em qualquer destas opções, se perguntam constantemente se é mais vantajoso ser forte e poderoso ou bom e amoroso, se devem se esforçar para fazer o que querem ou descansar fazendo o que o outro quer. Emoções e pensamentos ficam dando voltas e mais voltas até o ponto de enjoar, até provocar o desejo de parar e descer do caleidoscópico carrossel das relações.

7. Coreografias amorosas

Em maio de 1998, Andrea recebeu um e-mail de Vanesa, que a convidava a participar da criação de um Comitê Feminino de Combate ao Homem F. da P. O e-mail informava a ordem do dia da primeira reunião, que iria se realizar em um de seus restaurantes favoritos de Nova York, freqüentado por jovens bem-sucedidos no mercado financeiro, como ela. Os principais pontos a serem discutidos incluíam:
1. Como fazer para que as patadas dadas pelos homens não doam.
2. Como chutar seus traseiros para castigá-los sem machucar o próprio pé.
3. Como conviver com o outro sexo sem se envolver emocionalmente.
4. Como usar e abusar do homem para conseguir ser feliz.

O convite enfatizava que "a urgência do tema" requeria uma "participação entusiasmada" e solicitava que confirmasse a participação no encontro.

Andrea não se surpreendeu com a idéia de Vanesa. Ela também está irritada com os homens, também fala mal deles, também acredita que eles não entendem as mulheres nem as abraçam como deviam. Mas, ao contrário de sua amiga e companheira de trabalho, uma jovem economista brasileira que também escolheu Manhattan para fixar residência permanente e se declara – orgulhosa e justificadamente – forte e má com os homens, Andrea não quer derrotá-los, nem fazê-los desaparecer de sua vida, nem transformá-los em seus cãezinhos de estimação.

Vanesa e outras mulheres como ela não têm dúvidas: estão convencidas de que quem sobrevive na vida é o mais apto. Quando afirmam que, nas relações amorosas com o sexo oposto, a pessoa forte está em uma posição melhor do que a fraca, se baseiam nas leis evolutivas. Verdadeiras caçadoras, desejam ser as mais aptas no jogo amoroso e estão dispostas a sobreviver a qualquer custo. Sabem que precisam ser muito fortes se quiserem sustentar com eficiência os princípios do poder. Sabem que para fazer o que querem não devem permitir que os sentimentos interfiram em seus objetivos, já que as amarras sentimentais são perigosas; sabem que devem estar sempre em guarda, à espera do melhor momento de atacar a presa cobiçada e de se defender de outros caçadores. Se o preço para conseguir o que desejam é serem consideradas más, estão dispostas a pagá-lo com folga: o prazer da vingança vale a pena.

Mulheres como Vanesa se sentem herdeiras orgulhosas daquelas que lutaram pelo direito de gozar das mesmas liberdades que os homens fortes gozavam. Em nome das mulheres fracas que foram abandonadas, humilhadas e ultrajadas por homens maus, elas assumem, com dignidade, o heróico papel de más.

Para elas, o mundo está dividido entre fortes e fracos. Acreditam que os seres humanos, inclusive os que parecem ser bons, procuram o que lhes é conveniente. Aqueles que fazem o que o outro quer não agem assim por altruísmo, mas porque não podem fazer outra coisa: convêm-lhes que o forte precise deles. É uma boa forma de se proteger; uma boa estratégia de sobrevivência para aqueles que dispõem de poucos recursos (afetivos, sociais, intelectuais, de capacidade para sustentar o próprio desejo).

Apostam que não vão precisar de ninguém e poderão viver uma vida independente, livre de qualquer submissão a vontades alheias; sabem que, sendo fortes, serão consideradas más, egoístas, insensíveis, desprovidas de amor. Sabem que serão tratadas como pessoas perigosas, responsáveis por todos os males do mundo. Ao invés de explicar que não o são, preferem se declarar más. Sabem que, embora não o sejam, ninguém acreditará. Aos fracos não convém saber que os fortes também têm carências, sofrem, precisam. "Uma vez que me acusam de ser má, serei a pior", é o lema que usam para se defender de tal injustiça.

Nos relacionamentos amorosos, tentam evitar ser vítimas dos homens agindo como algozes. Não percebem que, defendendo-se assim dos perigos da ingenuidade, da fraqueza ou da credulidade, perpetuam os perigos do cinismo, da maldade e da desconfiança.

Sempre existe um mau à espreita em seus horizontes afetivos: qualquer um pode ser um ladrão que queira se aproveitar delas. Pensam: "Melhor evitar a tentação do que ser tolamente generosa", e lutam com unhas e dentes para defender a liberdade afetiva. As mulheres que aderem às regras do poder sempre encontrarão algum motivo de crítica e questionamento. Consideram perigoso, esperto ou mentiroso até o homem que – circunstancialmente – cuida delas. Defendem-se tanto dos riscos de se enfraquecer por amor que acabam escondendo de si mesmas seus próprios desejos de amar. A ternura – própria ou alheia – e a emoção arrasadora desencadeiam nelas uma intolerável sensação de vulnerabilidade: são invadidas por um incontrolável medo de perder o controle dos afetos, tanto os próprios como os alheios.

As mulheres fortes que se declaram orgulhosamente más preferem escolher homens fracos tão interessados em ser – ou ser considerados – bons que estejam dispostos a fazer o que elas querem sem exigir reciprocidade. Este modelo de relação mantém a coreografia amorosa da época dos meus avós: neste caso os papéis se inverteram, e o homem cuida da mulher da maneira que convém a ela. O homem fraco deve entender o que lhe cabe fazer e obedecer às ordens sem tomar iniciativa, apresentar suas idéias, emitir sua própria voz ou dar importância a suas necessidades no momento das decisões que afetam a vida de ambos. As mulheres fortes que não temem ser más não precisam que os homens pensem. Elas sabem pensar como eles, melhor do que eles.

A mulher forte da idade de minhas filhas costuma ser tão arbitrária no uso de seu poder econômico como meu avô foi com sua mulher e, como ele, aceita as manipulações afetivas do fraco, que faz o que ela queira para que ela faça o que ele quer. Mas estes homens e estas mulheres costumam ser felizes juntos; como indivíduo, cada um obtém o que lhe convém: ela, controlar e ser responsável por tudo; ele, ser livre de ambas as tarefas.

Não existe o *nós* nem diálogo nas relações amorosas que respeitam as competitivas regras do mundo do poder. Só se ouvem monólogos airados e declarações eloqüentes de princípios que sempre começam com a palavra *eu*. Diante de um homem fraco, o monólogo da mulher forte termina antes de começar: mal se levanta a voz do suposto receptor, uma vez que seu discurso também sempre começa com a palavra *eu*.

Temem tanto se deixar conquistar por algum adversário, cair prisioneiras de suas próprias redes e transformar-se em um desprezível (e feminino) troféu de algum caçador mais esperto do que elas que só se animam a se relacionar com homens fortes mais jovens do que elas.

Deixam-se usar por eles, ávidos filhotes de águia interessados em aprender tudo o que elas têm a lhes ensinar, enquanto elas também os usam: se sentem potentes, poderosas, energeticamente sexuais. Mas nunca se esquecem de que as relações afetivas devem oferecer mútua utilidade e convém terminá-las assim que deixam de tê-la para partir, livres, à procura de outra melhor. Retiram-se do jogo assim que começam a suspeitar de que serão abandonadas ou trocadas por outra. Quando se deixam levar pelos ciúmes e tentam retê-los, isso significa que perderam: este é o primeiro sinal de que já não têm o controle da relação afetiva, já não são as mais fortes, já não são as caçadoras. Transformaram-se no que mais temem, em desprezíveis presas de caça. Sentem-se gravemente doentes: estão apaixonadas. O amor é uma doença perigosa.

As fortes que não temem ser más não têm dúvidas: estão convencidas de que não convém ligar-se a outro. Andrea se surpreendeu com sua própria resposta ao e-mail de Vanesa. Respondeu: "Espero que não me acuse de traidora; aceito ir à reunião, mas quero mudar a ordem do dia. Proponho que a reunião se dedique a tentar entender:
1. Como se relacionar com homens que têm medo de estabelecer relações com mulheres fortes como a gente.
2. Como não machucá-los para que não nos machuquem.
3. Como amá-los e aprender a receber seu amor."

Andrea é forte, mas não quer ser má. Ao contrário de Vanesa, não acha que todos os seres humanos sejam maus, nem que todos os homens sejam perigosos inimigos das mulheres, nem que a incompreensão entre os sexos se deva a um enfrentamento inevitável e definitivo. Não quer ser menos do que um homem, mas tampouco quer ser como um homem. Não quer pensar nem contra nem como um homem, quer pensar com ele. Mas não sabe como fazê-lo.

Quando menina, dizia que, quando fosse adulta e tivesse filhos, não poderia levá-los ao colégio porque teria de "andar de moto", e que sua mãe, a futura avó, deveria cuidar dos netos. Na adolescência, tinha um sonho recorrente em que passeava arrogante, montada em uma poderosa moto, diante dos galãs favoritos de suas colegas de escola. Geralmente, estes sonhos terminavam mal. No começo se sentia feliz por passar sem sequer olhá-los, mostrando-lhes que não precisava deles como aquelas meninas tolas. Mas quando dava a volta para ver como aqueles meninos maus reagiam a sua afronta, percebia que tampouco era como eles: ralava as cadeiras contra as paredes que se estreitavam no sonho e caía. Despertava invadida por um sentimento de humilhação porque seu corpo de mulher, que havia se arredondado aos poucos no sonho, não a deixava montar na moto como um homem.

Andrea parece viver no mesmo terreno emocional de Vanesa, mas Vanesa acha que Andrea é uma gueixa complacente, uma traidora.

Andrea não pode se defender dos homens como sua amiga sugere. Não resolve suas dificuldades nas relações amorosas arrancando-se um pedaço, se eternizando em amores partidos. Espera encontrar um amor que seja forte e bom.

Por isso se entrega com mais esperança, mas também com mais ingenuidade do que Vanesa ao abraço dos homens fortes que mostram interesse por ela. Atreve-se a se apaixonar, a acreditar neles, a não se proteger deles. Andrea e outras mulheres como ela sabem que o mundo é regido pelas regras do poder, mas também esperam os milagres prometidos pelas regras do amor. Quando descobrem que os homens que lhes interessam são fortes, mas também maus, já é muito tarde. Já foram aprisionadas na jaula do amor, fazendo o que eles querem, humilhadas, ofendidas, debilitadas. Já se transformaram em vítimas das maldades dos homens. E se sentem sozinhas, abandonadas, famintas de amor.

Se outros homens, comovidos por seus olhares tristes, lhes oferecem seus abraços, elas os aceitam e se deixam levar, mais uma vez cheias de esperanças. Talvez aquele seja o encontro amoroso tão desejado. Mas a esperança dura pouco, só até que recordem que também são fortes e obedecem às regras do poder embora tentem ser boas e viver como as regras do amor preconizam.

Vamos imaginar estes encontros. Nos primeiros passos da coreografia, o homem conduz e a mulher – agoniada, pesarosa, encurvada pelos fracassos das relações com homens que nem sequer se perguntam o que significa ser bom ou mau – descansa nele. Até que recupera sua força: nesse momento, tudo muda. Ela retoma abruptamente a postura ereta, se libera do abraço que começa a achar asfixiante, se olha, olha para ele, e se pergunta: "O que estou fazendo aqui? O que este homem faz aqui?".

Quando percebe que está se sentindo melhor graças aos cuidados carinhosos daquele homem fraco – porque deve ser quase tolo já que se apaixonou por ela sem perceber que pode ser má e aí já não basta que seja bom –, tenta retribuir ou compensá-lo. Tenta corrigi-lo e ensiná-lo como e onde colocar os pés, as mãos, a cabeça; indica como ele deve viver, trabalhar, se comportar, pensar e sentir para vencer no mundo do poder. Desafia-o, achando que ela sabe melhor do que ele o que convém a ele; critica-o, achando que o educa; desqualifica-o, achando que o incentiva a liberar sua ambição. Ele lhe agradece as lições, mas não as aproveita. Talvez porque não lhe interesse ganhar mais poder, talvez porque não tenha velocidade e inteligência para aprender no ritmo imposto por ela; talvez porque, na verdade, seja fraco.

Ela dá o passo seguinte: se detém, assustada com sua própria violência. Quando ele é bom, lhe oferece novamente seu abraço compassivo. Mas isso reforça os sentimentos de culpa de que ela é vítima porque sabe que não poderá evitar desperdiçá-lo. Retomam a dança em ritmo de suave amizade, cadência que se mantém até que ela, cada vez mais irritada com a injustificada e exagerada amabilidade do companheiro, decida que não podem continuar dançando juntos: não tolera se sentir má e sabe que, embora tente, seus ritmos serão sempre mais velozes e seus espaços mais ambiciosos. É verdade, aquele homem não age como se fosse uma águia perigosa disposta a se aproveitar de sua ternura de pomba inocente. Mas ela – até então uma sereia encantada pelo fato de sê-lo – começa a pensar que parece um polvo capaz de prendê-la em seus tentáculos, de sufocá-la em um abraço pegajoso e asfixiante. Não sabe quem lhe dá mais medo, se ela mesma ou ele. Decide deixá-lo: pensa que deveria aceitar o fato de precisar mais de liberdade do que de abraço.

Liberada do lastro amoroso – a presença constante e sombria de um homem cujos cuidados ela sente como se fossem pedidos de cuidado, cujo amor ela sente como se fosse exigência de amor – pode seguir seu caminho e voar tão alto como queira sem se preocupar com o destino de uma pessoa fraca.

Quando superam a depressão e o medo e recuperam o desejo, estas mulheres não conseguem se livrar de sua curiosidade em relação ao desconhecido, de sua ambição por horizontes mais amplos, de sua ânsia de viver em um mundo grande e excitante, de sua vontade de viver uma paixão que não existe no abraço suave daqueles homens. Eles percebem: admiram sua habilidade de correr de um lado a outro, ocupadas com o trabalho, as crianças, a casa, a família, os amigos, a academia de ginástica, a atualização cultural. Mas também temem essas pessoas inesgotáveis, que não têm paciência e discutem por qualquer motivo. Ao contrário das mulheres como Vanesa, que não temem ser más nem egoístas, não lhes basta se sentir amadas: também querem ser generosas e amar. As mulheres fortes que querem ser boas não suportam se sentir desqualificadas para o amor por homens conformistas que querem, ingenuamente, que todos sejam felizes.

Os homens bons e fracos fazem-nas se sentir tão más (mais ambiciosas do que elas mesmas suspeitam), tão cruéis (menos ingênuas do que parecem), tão hostis (mais críticas do que prometem), que estas mulheres afetivamente confusas preferem evitar seus abraços. No entanto, persistem no erro de aceitá-los toda vez que se cansam de seus vôos solitários ou são machucadas por algum caçador. A verdade é que estas mulheres tampouco sabem se defender dos homens fortes e maus; com eles, mulheres como Andrea se sentem insuportavelmente humilhadas, intoleravelmente fracas. Mulheres como Andrea experimentam o abraço de um homem forte até que descobrem que ele também é mau e recorrem ao consolo do bom até que descobrem que também é fraco...

Por que as danças entre os homens fracos e bons e as mulheres fortes e boas acabam mal? Porque elas têm dúvidas: acham que todas as relações humanas se baseiam nas conveniências ou nas estratégias de manipulação, mas também acreditam na existência dos sentimentos de solidariedade, compreensão e empatia. O problema é que não sabem quando são fortes e quando são malignas; quando são boas e quando são inconsistentes.

Ao contrário de Vanesa, mulheres como Andrea não abandonam a esperança romântica de encontrar algum dia o homem completo, o homem que queira ser bom e forte. Estão dispostas a fazer um pouquinho menos o que querem e um pouquinho mais o que ele queira. Mas não sabem como fazê-lo sem se sentir "femininamente" fracas. E suas relações com homens parecidos com elas – fortes que não querem ser maus, homens que querem ser bons sem ser fracos – terminam com ambas as partes infectadas pela desconfiança.

Em uma festa beneficente promovida por ocasião do final do milênio, um homem observou como o marido de uma das convidadas estava mais magro e elegante. Embora o comentário não tivesse sido dirigido a ela, Catherine, uma jovem arquiteta graduada com honra que só exerceu sua profissão alguns meses antes de se casar, respondeu: "Logicamente, eu cuido bem dele." Uma perfeita síntese de como se definem as mulheres que são bem-sucedidas no mundo do amor: protagonistas de plantão às quais o simples fato de exercer esse papel lhes outorga legitimidade e segurança social. No exemplo citado, a bondade parecia reforçada: o comentário se referia a um melhora da saúde, que varia conforme a qualidade dos cuidados amorosos, ao contrário do dinheiro, esse assunto de gente forte e má. Catherine está convencida de que é boa e não teme se sentir fraca; sustenta os princípios do poder do amor. Não tem dúvidas: se aferra à idéia da segurança afetiva. Acredita na dependência, na permanência dos rituais repetidos, nas tradições românticas.

Não se questiona seu poder: está convencida de que todas as relações humanas, inclusive aquelas impregnadas pelo poder, obedecem às regras do amor. Acredita que, mesmo na alma mais maligna, sempre está, escondido, temeroso, um pedacinho de bondade.

Mulheres como Catherine são herdeiras orgulhosas daquelas que sacrificaram suas vidas pessoais para defender a santidade do lar e a família: são a origem e o centro da vida afetiva, as sacerdotisas do amor. Estão convencidas de que todas as ações humanas – inclusive matar, apoderar-se do outro ou degluti-lo – são motivadas pelo desejo de amar ou de fazer-se amar.

Acreditam que quem ama mais é aquele que mais se sacrifica e se transformam em escravas daqueles a quem amam para dar o exemplo do melhor amor. Ao transformar os homens em seus donos absolutos, tornam-nos responsáveis absolutos por elas. Eles deverão responder pela qualidade de suas vidas, que inclui o bem-estar econômico e a satisfação emocional. O império do amor premia as mulheres que renunciam ao protagonismo: protege-as do risco de qualquer decisão pessoal mal tomada.

Segundo explicitam, agem levadas pelas emoções e só valorizam aqueles que não calculam os resultados de seus atos amorosos. São extremamente ciumentas no afã de cuidar com zelo extremado de suas propriedades. Sentem-se autênticas defensoras dos valores afetivos tradicionais, aqueles que perpetuam a família apesar das ameaçadoras conseqüências do desenvolvimento emocional das mulheres independentes. Nunca acham que seus cuidados possam ser formas de controle possessivo nem que suas abnegadas maneiras de privilegiar as atividades dos maridos e dos filhos sobre as próprias possam ser escudos que sirvam para evitar os perigos de se expor à crítica, à competição e ao conflito.

"Não permitirei que meu marido arruíne meu casamento", diz Susanita, um personagem da tira *Mafalda*, do desenhista argentino Quino. Mulheres como Catherine jamais desconfiam. Principalmente, nunca desconfiam de si mesmas.

Transmitem um sentimento tão absoluto de confiança em si mesmas e em toda a humanidade, acreditam tanto nelas mesmas que espalham alegria e esperança – sustentam que a vida é sempre bela, os finais sempre felizes e todos comem perdizes –, e até o homem mais cínico é tentado por esse alimento romântico. É muito agradável se deixar ser convencido por estas mulheres, que acreditam que os maus são apenas ovelhas desgarradas que não encontram quem lhes dê amor suficiente. Estas mulheres procuram – e se fazem encontrar por – homens maus que querem que elas os reformem. Estas mulheres sentem pelos dois membros do casal: não precisam que os homens também sintam.

Alguns, honestamente, querem ser bons e acreditam que entrar no idílico mundo do império do amor curará suas feridas e lavará seus pecados. Outros só estão interessados em incorporar as vantagens competitivas da vida amorosa: são pessoas fortes que sabem que serão mais atraentes e se apoderarão de uma maneira melhor do botim econômico se derem a impressão de que são boas. Preferem manter separados o poder e o amor, o mundo externo e o interno, o trabalho e a casa, a paixão e a ternura. Acreditam – e também suas mulheres boas – que manter os mundos do amor e do poder separados favorece as relações duradouras. Estes homens e estas mulheres são felizes, pois cada um acredita que faz o que o outro quer.

Neste tipo de coreografia, os ganhos se somam porque só existe o *nós*: cada membro do casal age como se fosse uma extensão do outro. "Minha mulher sabe/tem/pode..., conseqüentemente eu também." As mulheres que se declaram orgulhosamente fracas estão convencidas de que a fraqueza é um traço inerente à bondade. E pensam que, assim como elas se sentem frágeis para enfrentar o competitivo mundo profissional, os homens se sentem frágeis para enfrentar o misterioso mundo doméstico. Por isso, se acham no direito de ser materialmente protegidas quando cumprem o dever de guardiãs ou – como elas preferem pensar de si mesmas – protetoras da vida emocional da família. Elas pertencem à família, mas também são co-proprietárias dos pertencimentos de cada um de seus membros: suas idéias, seus sentimentos, suas decisões, suas vidas. Elas são um bem familiar, mas também se sentem proprietárias de todos os bens familiares, tantos dos objetos como das pessoas. Em troca de segurança e pertencimento, entregam a capacidade intelectual, os méritos laborais e sociais e a independência econômica ao homem, amo e senhor, que toma conta delas.

Michele, a prestigiada advogada americana que sofre com seus inexplicáveis desencontros amoroso com Juan, o homem que ama, também foi ao mesmo evento onde esteve Catherine. Não pôde evitar um comentário: "Como ela consegue? Como tem estômago para agüentar o pedantismo de seu marido? Catherine foi a melhor de sua turma, poderia ter trabalhado onde quisesse, e agora aceita o que ele diz sem mexer um fio de cabelo. Se casamento é isso, prefiro continuar sozinha. A esse custo, prefiro pagar eu mesma pelos meus luxos."

Quando era pequena, Michele brincava sozinha na praia. Ano após ano, durante as férias escolares, brincava sozinha na praia. Gostava que sua mãe e seus irmãos estivessem por perto, mas não tanto para que pudessem interferir na construção de seus castelos de areia. Sua família não entendia que seu máximo prazer era fazer objetos que depois lhes daria de presente, sem pedir nada em troca além de um sorriso de agradecimento.

Nada demais, mas uma coisa imprescindível para ela. Michele sabia que tudo o que fazia era para ser mais querida, para ganhar aquele abraço amoroso que – sentia – nunca chegava no momento ou na medida em que precisava. Não lhe importavam os brinquedos nem as guloseimas que faziam seus irmãos felizes. Nenhum objeto aplacava sua profunda necessidade de ser entendida, a fome de sua alma. Amava muito sua família para fazê-la saber que não gostava da forma melosa com que a abraçavam.

Sentia-se mais sensata, achava que devia proteger e cuidar de todos porque sabia tomar decisões e providências melhor do que ninguém. Mas também sabia que ninguém, nem mesmo sua mãe, sabia o que era melhor para ela. Sabia que não podia se entregar a ninguém. Se, para ser amada, tivesse que virar tola, se, para se sentir amável e digna de ser amada, tivesse que virar incompetente, ela nunca seria amada: não era tão fraca a ponto de os outros acharem que era boa.

Mulheres como Michele sabem que são muito fortes, muito determinadas a fazer o que querem. É verdade que, na maioria dos casos, elas sabem quais são as melhores decisões, quais as providências e cuidados a tomar, tanto em relação a elas como a seus companheiros de relação. Sabem amar os demais melhor do que eles sabem amá-las. Para os outros, são boas, boníssimas. Por isso lhes é tão dolorosa a sensação de que só se cortarem um pedaço de si mesmas e abandonarem sua parte forte conseguirão ser amadas pelos homens.

Não querem uma relação na qual o outro pense por elas: como acontecia na infância, elas sabem que pensam bem. Procuram um companheiro que pense tão bem como elas e que sinta melhor do que elas. Desejam aprender com o intercâmbio emocional de corações que batam e sintam em uníssono.

Ao contrário das boas que não têm medo de ser fracas, mulheres como Michele sabem que são capazes de sobreviver sem a proteção de um homem forte e poderoso. Michele e as mulheres como ela não temem enfrentar os desafios do poder competitivo. Mas não lhes compensa fazer tudo o que o homem queira; precisam de um homem que possa lhes dar o abraço exato que as contenha.

Quando acreditam que o encontraram, se sentem tão felizes que temem quebrar a magia: não avaliam se a oferta provém de um homem forte e bom ou de um que só sente prazer quando é poderosamente mau. Sentir que estão cheias de amor lhes provoca tal deleite que se entregam a esse sentimento sem pensar.

Vamos imaginar esse encontro. Um homem forte sempre se entusiasma com as provocações amorosas de uma mulher igualmente forte que, no entanto, parece disposta a se deixar prender por ele. De imediato, ao primeiro sinal, o caçador inveterado procura prendê-la.

O primeiro momento desta dança consiste no prazer da paixão compartilhada: ambos se sentem bem-sucedidos; ele, porque abraça sua presa; ela, porque se sente abraçada. O homem – que não tem dúvidas, que está convencido de que é quem deve conduzir – marca o ritmo do próximo passo desta seqüência: é feito o que ele quer. Ela aceita, encantada, seduzida pela idéia de ser conduzida e sustentada pelo abraço de alguém mais forte do que ela. Até que ele começa a impor movimentos que ela não compartilha, que não lhe parecem compatíveis com a música que ela dança, que não acha pertinentes nem adequados, que não considera que sejam boas decisões. Ela se recusa a aceitar o que lhe parece ser um autoritarismo arbitrário, avesso à discussão ou à pergunta. Ele insiste: não pensa consultá-la a respeito dos passos a seguir, das voltas a dar, dos caminhos a tomar. Ela não tolera o avassalamento e se rebela: seus movimentos exibem uma brusca mudança de ritmo, uma dramática passagem da paixão à tensão. Ofendida, questiona: "Quem você acha que é? Pensa que sou sua escrava? Não sabe quem sou?" Começa a rejeitar as ordens coreográficas que pouco antes a fascinavam.

Ele se irrita e pára a dança: "Onde estamos? Você não me pediu que a protegesse, abraçasse, levasse pela mão? Não disse que queria que eu decidisse por você?". Ela se assusta e pede perdão. Tem medo de ser abandonada e ficar, mais uma vez, sem o abraço tão desejado. Humilha-se, se dobra, promete obedecê-lo. Recomeça a dança em ritmo de submissão, cadência que se prolonga até que ela recupera a memória corporal: recorda que não é apenas boa, mas também é forte. Revive sua inteligência, sua independência, sua capacidade de vôo e de liderança. Quer ensinar a seu companheiro alguns passos de dança que ela conhece. Ele resiste a tomá-la como mestra. "Quem você acha que é? Esquece quem usa calças neste casal?" Ele dá o último passo, se retira da pista de dança sem maiores explicações, deixa-a com um desagradável sentimento de humilhação, se perguntando por que só se interessa por homens que, desde o primeiro contato, suspeita que são incompatíveis, por que se envolve em histórias nas quais sabe que vai perder?

Por que as danças amorosas entre homens fortes e maus e mulheres boas e fortes acabam mal? É que, ao contrário deles, elas dançam, ao mesmo tempo, com a eficiência de caçadoras e a tenacidade de agricultoras. Estas mulheres pensam no presente e no futuro; acreditam que o amor e a paixão podem coexistir. Querem sentir, mas não querem deixar de pensar.

Estas mulheres não desejam desconfiar nem se proteger de quem amam, mas se negam a se transformar em objetos de caça. Esses homens, ao contrário, justificam sua atitude de maus por meio delas: pensam que são os únicos capazes de frear o avanço dessas coisas que se acham poderosamente independentes, de demonstrar que estão equivocadas e de convencê-las de que, no fundo, são piores que os homens. Acreditam que estas mulheres não são mais inteligentes, mas apenas mais espertas e mais rápidas, o que as torna mais perigosas do que eles. Esta estratégia "masculina" consiste em encontrar, atrás das histerias e dos caprichos, a susceptibilidade e a sensibilidade "feminina" que lhes permita capturá-las. Quando se apaixonam – eles sabem –, estas mulheres param de pensar e caem como se tivessem a cabeça oca. Mas nesse exato momento, no momento em que as mulheres explodem de rancor, cheias de recriminações, começam a lhes parecer insuportáveis. A moral destes homens fortes e maus é simples: nunca se deve deixar se prender por uma mulher que nem mesmo fingindo, nem mesmo de mentirinha, sabe ser "femininamente" frágil.

Mulheres como Michele perdem, infalivelmente, para estes homens. Sim, é verdade: eles não amam mulheres independentes, só desejam a seu lado aquelas que se prestam a fazer o papel de suas ajudantes, alunas ou escravas. Elas perpetuam o erro de escolhê-los porque acreditam que na próxima vez saberão se defender melhor. Mas, quando chega a vez seguinte, mulheres como Michele tampouco conseguem distinguir se escolheram um representante da categoria professor/dono/amo ou um homem forte que ainda não sabe como ser bom. Cheias de dúvidas sobre si mesmas e sobre os outros, perpetuam o círculo vicioso em que estão presas.

São obstinadas e continuam procurando homens fortes e bons, mas não param para aprender com seus erros. Não se dão conta de que suas próprias contradições afetivas as impedem de reconhecê-los e de que eles as reconheçam. Nem sequer suspeitam de que alguns companheiros potenciais se afastam porque se sentem traídos, abandonados, desiludidos, desesperançados: acreditaram que haviam encontrado a mulher forte e boa que procuravam, mas era mais uma das más.

O amor é mais fácil para mulheres como Vanesa, que escolhem homens bons e fracos que podem manipular por intermédio do medo e da força, e como Catherine, que escolhem homens fortes e maus que podem manipular por meio da culpa e da bondade. Estas mulheres se parecem. As duas resolvem da mesma maneira seus afetos partidos: anulam um dos termos da contradição. Não têm dúvidas, não temem, não se sentem culpadas, não naufragam. Tampouco navegam ou evoluem: suas idéias de identidade masculina e feminina permanecem rígidas e fixas.

Para mulheres como Andrea e Michele, o amor é muito mais difícil: são fortes e boas e não estão dispostas a se transformar em tolas para recuperar a bondade, nem a se transformar em boxeadoras para recuperar a força. Seus estilos são diferentes, mas ambas compartilham seus sentimentos: têm dúvidas a respeito de si mesmas e do outro, têm medo de si mesmas e do outro, se sentem culpadas em relação a elas próprias e ao outro, pensam que amam muito ou muito pouco, acham que são amadas pelos homens muito ou muito pouco.

Navegam – e naufragam – em relações amorosas insatisfatórias, sem encontrar resposta para seus enigmas vitais: "Como são as mulheres "femininamente" fortes; como são os homens "masculinamente" bons? Como pode um casal ser ao mesmo tempo forte e bom?"

Às vezes recorrem a uma crença muito cínica e muito ingênua, uma crença que lhes permite sustentar a esperança ao longo do difícil caminho de sua procura. Uma destas mulheres enviou a companheiras de trajetória um e-mail com essa oração:

Oração de uma mulher

Querido senhor:
  No dia de hoje, até o momento, estou fazendo tudo certinho.
  Não fofoquei, não perdi a paciência,
  Não fui avarenta, nem mal-humorada, sórdida, insolente ou egoísta.
  Não lamentei, amaldiçoei nem comi chocolate.
  Mas vou me levantar da cama em alguns minutos
  E precisarei muito de sua ajuda depois disso.
  Obrigada Senhor!

Essa maneira de esperar o encontro com um homem – como se fosse um milagre – apresenta grandes perigos para mulheres afetivamente fortes que ainda não sabem como ser, ao mesmo tempo e com a mesma intensidade, também afetivamente boas.

8. O abraço inconveniente

Um dos personagens de Maitena, uma jovem humorista argentina, diz o seguinte: "Eu sonhava ser uma pessoa dura, me dedicar a algo diferente, casar com um sujeito intenso e levar uma vida louca... E no final sou uma pessoa louca, casei com um sujeito diferente, tenho um trabalho intenso e levo uma vida dura." Não sou a única mãe que, confrontada por uma filha como Maitena, se perguntou mais de uma vez o que fez de errado. Porque é isso que sentimos quando vemos nossas filhas tão inteligentes, sensíveis e complicadas sofrendo em relações amorosas que nos parecem inteiramente inadequadas a elas. Foram educadas para ser as vencedoras de sua geração e por isso não entendemos como é possível que escolham amores perdedores com homens questionáveis. Como poderíamos não nos preocupar quando as vemos ao lado de inteligentíssimos poetas boêmios que ignoram como se ganha dinheiro, mas sabem como se gasta; ou de homens casados que não têm intenção de se divorciar para se unir a elas; ou de poderosíssimos empresários que as convencem a interromper suas carreiras para se transformar em suas fiéis, dedicadas e servis colaboradoras?

Laura, uma arquiteta argentina, conheceu John, um encantador jovem norte-americano de origem chinesa, em um curso de especialização em antropologia urbana em que ele era professor, e ela, estudante. Completado o curso, ela retornou a seu país de origem. Durante os meses que passaram juntos na Califórnia e os seguintes, ela em Buenos Aires e ele em San Diego, Laura parecia muito apaixonada. Muitas conversas por telefone, longas cartas eletrônicas, românticos encontros de poucos dias em lugares de fantasia, marcaram essa história de amor que parecia impossível. Até que John começou a fazer os trâmites para obter um "visto de noiva" para Laura, o que significava um pedido de casamento, acontecimento que tornaria possível a relação amorosa entre os dois. Laura desistiu imediatamente. Em uma ligação telefônica que sua mãe ouviu, desconcertada, agradeceu o gesto de John, mas lhe explicou que não poderia aceitá-lo porque nunca saberia se estava se casando com ele porque o amava ou apenas porque lhe convinha. Laura e outras mulheres de sua idade estão tão obstinadas em encontrar o amor puro, verdadeiro, romântico e impossível, que tornam suas vidas inviáveis em braços de homens inconvenientes.

Marina, uma economista italiana, ficou muito feliz quando Robert, um empresário australiano forte e envolvente, tirou-a dos braços de Marco, um italiano bom e entediado que conhecia desde a infância. No começo, os pais de Marina rejeitaram Robert: parecia-lhes perigoso, pouco confiável, muito interessado em conquistar mulheres iguais a sua filha. Os amigos de Marina se sentiram abandonados por ela, que estava encantada com a possibilidade de recomeçar sua vida em um país desconhecido, sem contatos profissionais e ainda por cima perdendo a boa posição que conquistara em sua cidade natal. Marina estava eufórica, feliz: era a eleita. Por amor a ela, Robert decidira abandonar seus hábitos de solteiro empedernido; queria constituir um lar e ter filhos com ela. Os pais aprenderam a gostar de Robert. Até Marco a perdoou e se casou com María, outra amiga de infância com quem tinha mais coisas em comum.

Final feliz? Não. Marina começou a comer, a engordar e a maltratar Robert, a provocá-lo para que a abandonasse ou parasse de amá-la. Tentava explicar, sem que nem sua mãe nem suas amigas conseguissem entender, por que agia assim. Queria deixar de ser linda e inteligente, queria parar de conseguir tudo o que queria. Dava-lhe medo sentir que sempre conseguia que todos fizessem o que ela queria: vencera até o mais forte dos homens. Se todos aceitavam o que ela queria – um homem tão cobiçado como Robert a escolhia, seus pais aceitavam que fosse viver longe deles, seu namorado de infância continuava sendo seu amigo, suas amigas prometiam visitá-la e o banco em que trabalhava lhe conseguia um posto em Sidney –, Marina temia se sentir soberba. Temia se transformar em um monstro de maldade, invejado e odiado por todos. Se fosse feia, se pudesse dar pena aos seres que a amavam, se se sentisse mais normal, como suas amigas, suas irmãs, sua mãe...

Para tomar uma decisão, econômica ou afetiva, profissional ou sentimental, se avalia quanto se ganha e quanto se perde em cada uma das opções possíveis. As avaliações mais sofisticadas também incorporam a informação de quanto se ganha quando se ganha e quanto se perde quando se perde.

Os homens bons não convêm às mulheres fortes que temem ser más: elas podem se transformar em más se eles forem tediosamente fracos. Tampouco lhes convêm os homens fortes: elas podem se transformar em fracas se eles forem perigosamente maus. Como não são felizes nem em suas relações amorosas com homens fortes nem com homens bons, acabam convencidas de que só podem aspirar a receber o amor de homens inconvenientes.

Os homens inconvenientes lhes convêm – pensam elas – porque com eles as maldades e as bondades, as forças e as fraquezas se tornam previsíveis.

Os inconvenientes variam: ele pode estar casado ou ser viciado em alguma droga ou viver para suas ambições ou ser mais fiel às tradições de sua origem do que à mulher amada. Seja quem for, o homem inconveniente que ama cumpre a mesma função para mulheres que, como Michele, Laura, Andrea ou Marina, duvidam de si mesmas: permite que tenham certezas amorosas. Graças a ele, se sentem fortes e boas, ao invés de más e fracas.

Enquanto estão vivendo a confusão de suas multiplicidades, não se permitem pensar no amor e, para tomar suas decisões afetivas, só recorrem aos instrumentos da desconfiança e à credulidade. E sempre decidem mal; mas, para estas mulheres, ganhar é perder. Só uma mulher dura e forte, capaz de estar só e agüentar os embates da vida, pode ser boa a ponto de tolerar o sofrimento implícito nestas relações; só uma mulher dura e forte pode tolerar tanto sofrimento com a submissa resignação adotada por elas.

Ao lado de homens inconvenientes, estas mulheres podem se sentir ao mesmo tempo inquietas e tranqüilas, presas e livres, dependentes e independentes. O fato de suas famílias e seus amigos não as entenderem é um risco definido e aceitável. De qualquer maneira, nunca se sentiram muito compreendidas nem convencionalmente aceitas. Ao contrário, sempre sentiram que eram vistas como pessoas bizarras, excêntricas ou estranhas e, por isso, tentaram se acostumar, desde que eram pequenas, a não se importar muito com a opinião dos outros. O problema aqui consiste no fato de que, com homens inconvenientes, cedo ou tarde se perde mais do que se ganha. Em algum momento do desenvolvimento destas relações, as mulheres se sentirão fracas e más, inseguras e ansiosas, vulneráveis e prisioneiras, mendigas e ladras de afeto. E o homem inconveniente deixará de convir.

Esta coreografia amorosa segue os mesmos passos, vai mais além de quais sejam as inconveniências do companheiro de dança. Começa quando alguma destas mulheres se apaixona perdidamente por um homem que lhe oferece um abraço que a contém por inteiro no mundo do amor e não a contém nem um pouco no mundo profissional. Ela se entrega a este abraço. Na intimidade, ela se sente boa, suave e mansa, com uma obediência feminina, porque faz o que ele quer: segue os passos que ele, limitado por sua inconveniência, impõe. Ao mesmo tempo, no cenário social ela se sente forte: só uma mulher independente, aguerrida e determinada como ela poderia suportar com tanta inteireza e dignidade as limitações daquele amor.

Durante algum tempo são felizes. É tempo de dar o segundo passo: ela alcança a epifania da entrega amorosa, que achava que nunca conheceria, e aceita pagar qualquer preço pelo privilégio de se sentir mulher, coisa que este homem inconveniente lhe permite desfrutar pela primeira vez em sua vida. Parece tão necessitada de seu abraço que ele se convence de que ela não necessita – já que, por outro lado, tampouco lhe pede mais demonstrações de amor que as que ele queira lhe dar. Ele obtém o melhor amor a um custo baixíssimo.

O terceiro passo acontece quando ela percebe que esse abraço total está delimitado, no tempo e no espaço, pela inconveniência. Não consegue sustentar o ritmo de entrega altruísta, abnegado, bom e ao mesmo tempo passional que ele lhe pede. Esta relação amorosa começa a lhe parecer insuficiente, tanto no mundo do poder como no do amor. No mundo do poder, quer mais atenção, mais tempo, mais cuidados do que aqueles que ele lhe dá: sente-se cansada, muito pressionada pelo peso de uma vida tão "masculina" como a que leva. Sonha com um homem que a proteja. No mundo do amor, se sente carente e humilhada: muito "feminina" por se conformar passivamente com as migalhas afetivas que ele lhe atira.

No quarto passo, quando ela se sente mais fraca, ele a acusa de má. Ela sabia que ele nunca pensara em se separar de sua mulher legítima, ou largar as drogas, ou conseguir um trabalho estável, ou renunciar a seus hábitos ancestrais. Ela aceitou amá-lo apesar das inconveniências que ele – ela deve admitir – nunca lhe ocultou. Ela comprova, mais uma vez, que não é suficientemente mulher. Não é tão dócil a ponto de obedecer, acreditar, aceitar e satisfazer sem questionar os desejos e as necessidades do homem amado.

O quinto passo é definitivo. Ela pode se comportar como a má do filme e usar seu poder para obrigá-lo a renunciar às inconveniências, ameaçando-o de abandoná-lo se não o fizer. Ou pode se comportar como a fraca da história, castrando sua própria força e renunciando a seus próprios desejos e necessidades para caber no tamanho do abraço que ele está disposto a lhe dar, por medo de ficar, mais uma vez, sozinha.

Devo confessar que sei do que falo. Minha relação com Omar foi um amor desses. Durante a primeira etapa da nossa dança amorosa, graças a sua inconveniência – resistia a aceitar qualquer emprego em que se sentisse submetido –, me deu liberdade total para que eu me realizasse profissionalmente, enquanto ele me protegia, amorosamente, de casa. Mas depois me comunicou que achava meu desempenho no mundo do amor insuficiente e desqualificado e comecei a me sentir só e sobrecarregada de responsabilidades no mundo do poder.

Os amores inconvenientes aliviam o medo de não ser amada de que padecem as mulheres que temem não saber amar, mas – o retorno do reprimido – lhes recordam ao mesmo tempo que escolhem esse tipo de amor porque não se sentem dignas de algo melhor.

Estas mulheres, por não saber se definir, se sentem um nada. Acham que suas maneiras de amar sempre foram anormais, muito diferentes do que se supõe que se deve sentir. Não lhes resta o consolo das relações simultâneas ou sucessivas com homens diferentes, às quais muitas recorreriam em sua confusão. Elas desejam ser completamente amadas por um único homem, no mesmo momento e no mesmo lugar.

No entanto, receber uma demonstração afetiva desejada leva-as ao choro e não à alegria. Angustiam-se quando os homens que elas valorizam parecem dispostos a lhes demonstrar seu amor. "Como?", pensam. "Ele não sabe que sou estranha e difícil e que nunca ninguém conseguiu me abraçar por completo?" Supõem que deve se tratar de uma ilusão: "Certamente ele ainda não sabe quem sou", argumentam; ou: "Deve estar me escondendo algum problema". Essas frases expressam seu convencimento de que o amor único, completo e total que desejam não existe nem existirá.

Sentem-se estranhas porque não gostam da presença de estratégias manipuladoras em suas vidas amorosas. Não têm interesse em um encontro no qual ganhe aquele que menos revelar seu jogo, que entregar menos amor, que ocultar melhor seus sentimentos, que duvidar mais do outro. Para estas mulheres, a competição – quem desconfia primeiro, quem descobre mais depressa os planos do outro, quem manipula mais e melhor – não funciona como estímulo erótico. Não sabem nem desejam usar o mistério e a intriga como formas de sedução. Não gostam das relações que as obrigam a suspeitar do outro nem daquelas em que sentem que são vistas com suspeição. Preferem a crua, brutal e verdadeira transparência de desejos a dançar a lenta agonia da desconfiança e da credulidade.

Temem receber uma oferta amorosa que supere suas expectativas, pois sempre pagam muito pelo que recebem. Seus desesperados desejos de ser boas sem perder a força as obriga a tentar ser, sempre, as melhores entre as boas. Quando recebem o que pedem – e pedem muito – temem ser pressionadas pelo seu próprio compromisso ético e devolver muito. Por isso lhes convém que alguma inconveniência externa ao amor limite a oferta recebida.

Sentem-se culpadas por ser fortes – leia-se más sem querer – se um homem conveniente, que além do mais as ama, mostra interesse por elas. Por isso reagem com timidez, vergonha ou rejeitam qualquer demonstração afetiva que lhes seja oferecida diante de testemunhas. Preferem que não as escolha. Temem tanto amá-lo pouco quanto temem que as ame muito. Não sabem como se certificar de que é um homem verdadeiramente bom e não um fraco que acabará sendo mau para elas. Como saber se não mente sob sua máscara de honestidade? Como podem estar seguras? Depois de tantas angústias, acreditam que lhes convém se entregar a um homem inquestionável e visivelmente inconveniente.

Ele não apresenta perigo, pensam. Não há o risco de se confundir. Os amores inconvenientes convêm porque são desprovidos de hipocrisia. Elas (que desejam acreditar no amor, mas temem se exceder em sua credulidade) supõem que um homem que pede para ser amado apesar de sua inconveniência não pode desiludi-las. Quando ele confessa que não pode lhes dar tudo, ouvem que lhes dará tudo o que puder; quando ele demonstra que mente, interpretam que é honesto.

Às mulheres que duvidam de si mesmas convém – acham elas – um homem inconveniente porque assim não se arriscam a ser más. Não temem traí-lo ou abandoná-lo, não correm o risco de ser a pessoa que ama menos ou desconfia mais no casal: já se sabe que este tipo de companheiro de dança incorre no defeito de amar de menos, fato justificado por causas alheias a sua vontade. Os amores inconvenientes lhes garantem o lugar de boas. Neste tipo de coreografia, a mulher acaba sendo o personagem que mais ama, o mais generoso, o mais disposto a fazer o que o outro quer. Esta aparente desvantagem convém porque, no mundo do amor, dar é sempre melhor do que receber: quem ama, entrega mais e dá mais, controla o abraço.

Amar por completo um homem que nunca se entrega por completo lhes permite sentir a ternura na alma, a suavidade no corpo, a paz na mente, e se manter livres. É que não importa o quanto estas mulheres renunciem por um homem inconveniente, uma vez que este amor lhes permite refutar uma crença arraigada desde que eram pequenas: que não sabem sentir como é devido. Ao fim, amam como supõem que as mulheres amam: resignada, passiva, obediente, submissamente. Sentem-se abraçáveis porque descobrem que sabem e podem abraçar; o homem inconveniente libera-as delas próprias.

Ao seu lado não se sentem fracas, porque ele as convence de que apenas elas, ninguém além delas, o entendem tão bem, o abraçam com tanta paixão e sabem ver sua verdade. Sentem-se dignas de ser amadas, uma vez que só elas podem oferecer o amor forte de que ele precisa. Animam-se a esse amor porque são mulheres únicas. O homem inconveniente reconhece isso e as premia colocando-as em um lugar também único: por ser tão boas, são as mais amadas; por ser tão fortes, são as menos protegidas.

Ele deve ser um homem forte, pois consegue atrair uma mulher forte, uma pessoa que se excita com as dificuldades a superar.

O amor inconveniente exige todas suas habilidades de boa caçadora, sem correr o risco de matar a presa. Para benefício de ambos, este homem permite que suas armadilhas e fraquezas sejam descobertas. É deliciosa esta dança em que a mulher forte pode ser forte porque sabe que o problema do companheiro domará sua força, tornando-a menos perigosa, e em que o homem forte abraça e se deixa abraçar por uma parceira porque sabe que sua inconveniência o torna invulnerável a ela.

Homens deste tipo são os únicos que compreendem as mulheres fortes que querem ser boas, pensam elas. Farejam-nas a distância, reconhecem-nas como iguais. Elas os premiam imaginando que eles são os únicos camaradas, companheiros, parceiros que podem com elas. Surpreendem-nas, raptam-nas, invadem-nas sem perguntar, as tornam mais brandas. Não as temem: fazem com elas o que eles querem. Arrebatam-lhes as rédeas de mãos que querem perdê-las. O homem inconveniente convém a essas mulheres quando elas desejam se sentir dóceis, domesticáveis, obedientes: mulheres como as outras, como se supõe que é uma mulher.

Convenceram-se de que não o machucarão mesmo se utilizarem ao máximo seus poderes e suas forças; não poderiam feri-lo, pensam, nem sequer usando os recursos mais indômitos de suas personalidades. É que não há nada mais indomável do que a inconveniência de que ele sofre, a qual funciona, para ambos, como uma cerca protetora. Algumas mulheres contraditórias preferem estas relações porque elas afastam qualquer perigo do ato de soltar as rédeas de seus sentimentos. Sabem que, mesmo que galopem como potros selvagens, mesmo que enlouqueçam de paixão (coisa que até então não fizeram, por medo de não poder detê-la), o inconveniente agirá como freio e delimitará o poderio de suas forças. Dentro de limites tão rígidos, elas podem ser descontroladamente livres.

Os homens inconvenientes demonstram claramente que não precisam delas. Insistem que estão com elas só porque querem, só porque as amam. Por isso, elas acham que aquele amor é o único livre, gratuito e verdadeiro. A confiança é absoluta: acreditam que a epidemia da desconfiança amorosa não chega a esse recinto amuralhado. Nesse território protegido, nesse tempo sem tempo, estas mulheres conseguem a entrega tão ansiada. Sabem que esse amor é delimitado, limitado, recortado, mas esse limite também é a garantia da liberdade que lhes permite ingressar sem hesitações no território amoroso.

Estão dispostas a pagar qualquer preço para escapar da maldição que sentem que as persegue. "É tão inteligente que nenhum homem a agüenta", "é tão auto-suficiente que não precisa de ninguém", ouvem desde pequenas. Os homens inconvenientes parecem ser mais inteligentes ou mais fortes do que elas. Elas não podem resolver os problemas insuperáveis que as impedem dispor deles como queiram, limite que lhes recorda que nem sempre querer é poder. Isso faz com que se sintam humanas, iguais às outras mulheres. Percebem que nem sempre levarão vantagem, como achavam quando estavam crescendo. Existe alguém, então, que saberá contê-las, dominá-las, domá-las; alguém que conseguirá fazê-las sentir vontade de abraçar e de se deixar abraçar. Alguém que poderá comovê-las, tirá-las da fortaleza que construíram para se defender do medo de se sentir amadas e não saber amar.

Não existem ilusões com o homem inconveniente: então, não é necessário desconfiar dele. Elas têm certeza desde o começo de que esta coreografia terminará mal, o que confirma que o amor é impossível. Uma relação que começa sem esperança nunca decepciona. Elas já sabem que não podem almejar um amor feliz, completo e total porque são estranhas. Os amores inconvenientes pelo menos lhes permitem sentir que não fracassaram por não saber amar ou porque amam menos do que deveriam. Ao contrário, se convencem de que perdem porque amam muito, sem limites, sem cautela, sem cálculos.

O homem inconveniente ajuda-as a realizar um sonho almejado: permite que as mulheres fortes pensem e sintam, vivam a intimidade e o mundo, se saibam sós e em relação com o outro, que sejam ternas como mulheres e duras como homens. O homem inconveniente as desarma, lhes tira a perigosa força da inteligência, permitindo-lhes gozar da bondade que elas também possuem. Elas ganham por não poder ganhar, por não poder vencer o problema da disponibilidade daquele homem: ninguém pode acusá-las de ser más. Embora não desejem este papel, nesta relação amorosa elas desempenham o papel de fracas e suaves vítimas, firmemente abraçadas por seus fortes algozes.

Seja qual for a inconveniência do homem amado, este amor convém às mulheres que não podem deixar de ser fortes e não toleram homens maus. Graças ao homem bom e forte que padece de uma inconveniência, elas podem ser fortes e boas ao mesmo tempo. Mas o preço desses amores é alto, altíssimo; tão alto que, depois de um tempo de convivência, deixam de convir. As mulheres que escolhem estas coreografias costumam terminar se odiando por ter agido assim.

Liz, uma advogada norte-americana que sempre achou que não sabia amar porque desde pequena exercitara a habilidade de descobrir os defeitos do outro, surpreendeu sua família e seus amigos ao se declarar perdidamente apaixonada por Larry, um agressivo homem de negócios, também norte-americano, famoso por seu cinismo afetivo. Ele afirmava que o amor não existia, e desafiava que alguém lhe provasse o contrário. Liz se deslumbrou diante da possibilidade de ser – precisamente ela, que não sabia se sabia amar – quem o convenceria de que a entrega amorosa valia a pena. Aceitou o desafio. Poderia usar toda sua força para fazê-lo ver que estava equivocado: ia lhe dar tanto amor que – ela supunha – ele não teria outra saída a não ser admitir que fora curado de seu cinismo. Liz não desconfiava: ela, que nunca abandonava seu estado de alerta nem seu olfato de caçadora para detectar os perigos, caiu na armadilha de um homem inconveniente e achou que, finalmente, havia encontrado o amor ou, melhor dizendo, o amor a havia encontrado. Por isso, nem sua família nem seus amigos entenderam por que entrou em pânico quando ele confessou que a amava, que se sentia curado do ceticismo amoroso e começou a falar de um futuro feliz em comum. Ninguém compreendeu por que Liz se sentiu incontrolável, irrefreável e inabraçável se a inconveniência tinha desaparecido e ele havia se apaixonado por ela, isto é, se ele deixara de ser aquele que se defendia com mais força dentro do casal. Liz não lhes disse que, por ter conseguido que Larry abandonasse seu cinismo, passou a temer que pudesse convencê-lo de qualquer coisa; nesse caso, ela voltaria a se sentir prisioneira de seu próprio cinismo, aquele que a levava a pensar que todos eram mais fracos (mais necessitados de amor) do que ela.

Liz preferia que Larry a amasse, mas que não quisesse se casar com ela; que se mantivesse fiel ao seu declarado ceticismo amoroso; que defendesse sua falta de convicção nas vantagens do casamento. Dessa maneira, poderia manter com ele uma relação amorosa sem ferrolhos e gozar de um espaço de liberdade. Poderia acreditar no amor sem ter medo de se tornar uma prisioneira do amor. Queria sentir que ele a escolhia porque sim, porque era diferente, porque não se regia pelas convenções familiares, porque não queria outro compromisso além do amor que ela, só ela, lhe inspirava, e não porque ela fosse uma boa candidata a esposa, uma mulher conveniente.

Depois de vários anos de relações amorosas insatisfatórias, Margarita, uma psicóloga argentina radicada em Nova York, sentiu que encontrara o amor de sua vida. O único inconveniente era que Joaquín, um encantador sociólogo espanhol, seu colega de estudos de pós-graduação, se dizia bem casado. Demonstrava-lhe que era mais forte do que ela porque desejava estar com ela, mas não precisava estar com ela. Para ele, os furtivos e espaçados encontros amorosos que mantinha com Margarita eram um luxo, um prazer intelectual que sua mulher não podia lhe dar. Um amor tão especial que só cabia desfrutar em ocasiões especiais. Margarita sofria: para ela, os encontros com Joaquín haviam se transformado em uma necessidade cotidiana. Não obstante, ela insistia em manter aquela relação amorosa insatisfatória: custava-lhe confessar que a ela convinha que ele não pudesse vê-la com a freqüência que ela dizia necessitar, porque as limitações temporais de Joaquín permitiam-lhe que se dedicasse a seus estudos, seus amigos, seus projetos profissionais. Se ele tivesse optado por se casar com ela, Margarita não teria disposto desse tempo e toda sua vida teria girado em função dele, como acontecia com a esposa. Por último, que ele a solicitasse menos a colocava diante da sua necessidade feminina de abraço, do vazio afetivo, da dependência emocional que a relação aplacava e também aumentava. Desejá-lo, esperá-lo, querer sua presença lhe convinham porque se sentia boa quando se via amando. No entanto, desejá-lo, esperá-lo, querer sua presença não lhe convinham porque também se descobria fraca, necessitada de um amor que não recebia.

Sebastián é um poeta nicaragüense recém-chegado a Manhattan, um jovem que mantém sem trégua uma atitude de rebeldia militante contra toda formalidade social. Prefere ser garçom em um restaurante da moda, onde recebe suculentas gorjetas, a ganhar menos trabalhando como *ghost-writer* para um compatriota radicado há muitos anos nos Estados Unidos, amigo de seu pai, um comerciante respeitado e muito conhecido em sua terra natal. Sebastián defende com tal convicção seu amor pela poesia e suporta a rejeição a sua obra com uma inteireza e uma dignidade que María, uma bem-sucedida desenhista gráfica de origem porto-riquenha educada em Nova York, o admira, inveja e se apaixona por ele. A seu lado, ela se sente incluída, compreendida e acompanhada pela primeira vez na vida. Ele lhe revela a hipocrisia do mundo do poder em que ela disfarça suas extravagâncias para manter sua posição e a ensina a desfrutar a liberdade do mundo do amor, que não se compra nem se vende. Em alguns momentos, esta proposta vital a leva à plenitude da alegria; em outros, no entanto, lança-a na mais profunda das desesperanças. Ele a faz se sentir inadequada entre seus amigos, sua família, suas relações profissionais. Quando ele se recusa a deixar de ser quem é e exige que ela o aceite assim como é, quando quer que aceite sua rejeição ao mundo das ambições econômicas e públicas e sua inteira dedicação à realização pessoal, ela encara seus próprios medos, ambigüidades e vergonhas sociais. Nesse momento, o amor que tanto a fortalece começa a debilitá-la.

Quando as mulheres que escolhem amores inconvenientes não conseguem vencer a inconveniência presente nestas relações, se sentem fracas e humilhadas, condenadas a integrar as hostes das mulheres maltratadas pelos homens fortes e, como elas, a ser dependentes, ressentidas, melancólicas e vazias. Mas quando conseguem vencê-la, se sentem más, autoritárias e prepotentes, condenadas a fazer parte das hostes das mulheres que usam os pobres homens bons para satisfazer seus desejos masculinos de caçar e, como elas, a ser invasoras, duras, insensíveis, egoístas e viris.

No fundo, os amores inconvenientes não convêm. O homem indisponível dá tempo e espaço para que as mulheres vivam suas vidas, mas também as abandona. Não lhes impõe uma vida convencional, tediosa, rotineira, mas tampouco lhes oferece segurança. Não se assusta com suas loucuras, decisões impetuosas ou destemperos porque os permite a si mesmo. Dá-lhes a liberdade de ser como são, com sua inteligência apaixonada, sua irreverência e seu senso de humor. Entrega-lhes um abraço que resiste às categorizações porque ele – como elas – não é bom nem mau, nem forte nem fraco, por isso pode liberá-las de sua eterna e desconfortável sensação de ser estranhas. Mas ao mesmo tempo as condena à extravagância desse amor que resiste às categorizações, que não se encaixa nos tempos e espaços da vida cotidiana normal porque – ao contrário delas – não interessa a ele superar a confusão de seus sentimentos.

Quando os amores inconvenientes naufragam, as mulheres fortes e boas se sentem más e fracas e, por isso, acham que estão condenadas a não encontrar jamais o abraço exato que procuram. Não sabem como procurar o abraço tão desejado, que conheça a medida exata do que esperam, que não lhes prometa todas as respostas, mas lhes permita todas as perguntas, que as libere completa e definitivamente do sentimento de estranheza que as acompanha desde sempre.

Mas algumas se rebelam contra essa derrota. Naufragaram, sim, mas saíram com vida. Com as mesmas contradições afetivas que tinham ao iniciar sua procura, se animam a continuá-la. Se são tão raras, talvez devam aspirar a um abraço também raro. Não um abraço indefinido, como é o dos amores inconvenientes; nem parcial, como o dos amores partidos; nem efêmero, como o dos amores que começam crédulos e sucumbem à desconfiança. Deveriam procurar – e é isso o que estas rebeldes fazem – um abraço complexo, paradoxal, multifacetado, único, aquele oferecido por um amor capaz de ser forte e bom ao mesmo tempo e com a mesma intensidade.

9. Amores sincréticos

Paula tinha 6 anos quando foi despertada pela primeira vez por um pesadelo que a perseguiria durante um longo tempo.

Vivíamos então no Rio de Janeiro – Paula, Natasha, sua irmã mais velha, e eu –, mas, naquele momento, Paula era a única que falava português fluentemente. Em seu sonho, um demônio e um anjo lutavam por ela. O diabinho lhe ordenava que fizesse maldades com sua irmã e comigo porque falávamos outro idioma (o espanhol, em vez do português, sua quase primeira língua) e fazíamos com que se sentisse estranha. Para o demônio, falar espanhol era também falar o idioma do conformado, do submisso, do conservador. O anjinho, por sua vez, lhe dizia que nos protegesse e cuidasse da gente porque não entendíamos o português e não éramos como ela. Para o anjo, falar português era também falar o idioma do inconformado, do rebelde, do marginal.

O anjinho e o diabinho aparecem nos sonhos e nos conflitos afetivos de Paula sempre que se sente incompreendida, mal-abraçada, mal-amada. Ouve sua própria voz, que lhe ordena ser boa, perdoar e proteger aqueles que considera mais fracos do que ela (como sua irmã e eu, durante sua infância); ao mesmo tempo e com a mesma intensidade, ouve outra versão de sua voz, que lhe diz para ser forte e se defender daqueles que considera piores do que ela e que querem prejudicá-la. Paula não vive no conformismo do *establishment* nem na rebeldia dos marginais, não vive no mundo do anjo nem no mundo do demônio.

Paula não está sozinha nesse violento e doloroso embate com ela mesma. Muitas mulheres de sua idade sentem dentro delas "dois seres distintos, dois princípios diferentes, como diz a Bíblia, que lutam entre si", segundo soube definir Marcos, o pretendente rejeitado por minha mãe. "Não estão nitidamente separados; na verdade, às vezes se confundem e dão lugar a um produto híbrido que não é nem bom nem mau. Este novo ser, composto de duas partes, está apenas insinuado, e como possui características de um e de outro sem ter perfeitamente definidos nenhum dos dois, é difícil compreendê-lo." Como Marcos, muitas mulheres da idade de minhas filhas sabem que "é exatamente esta indecisão espiritual que provoca mais sofrimento". Seus afetos dominam dois idiomas, mas elas não sabem onde, quando, com quem ou por que um ou outro deve falar.

O sofrimento fica mais grave porque não entendem quando devem proteger e quando se proteger; quando são amadas por ser fortes e quando são odiadas por ser más; quando são amadas por ser boas e quando são desprezadas por ser fracas; quando são boas ou apenas fracas, quando são más ou apenas fortes. Repetem sem questionar as lições afetivas que aprenderam desde a infância: agem como se pensassem que os fortes são maus, e os bons, fracos, embora não acreditem nisso. Por isso, porque obedecem a ensinamentos contraditórios que não param de questionar, se equivocam: atacam ou protegem ou se deixam atacar ou se fazem proteger por pessoas equivocadas, em momentos inoportunos, por razões erradas.

Algumas mulheres da geração de minhas filhas não conseguem sair do círculo vicioso criado pelas contradições afetivas que aprenderam com suas mães e a sociedade em que cresceram: ou adoecem de *desconfianças* e *credulidades* e naufragam em *abraços inconvenientes* ou recorrem a drásticas cirurgias afetivas para evitar os desencontros amorosos repetidos e abandonam algum dos *amores partidos*. Partem-se ao meio: algumas optam pelos ensinamentos do amor ao poder: maximizam suas maldades para permanecer fortes e evitar os perigos da asfixiante dependência amorosa; outras escolhem seguir os ensinamentos do poder do amor: maximizam suas fraquezas para permanecer boas e evitar os perigos da solitária independência amorosa.

Outras, mais ambiciosas, não se conformam com os destinos afetivos dicotômicos, parciais, partidos. Procuram se relacionar com um homem bom e forte que as entenda totalmente e as contenha em um abraço exato.

Não conseguem entender por que ainda não o encontraram. Não conseguem entender por que perdem no amor quando se sentem as melhores na vida. Não lhes adianta procurar culpados, acusar os homens e a si mesmas de "falta de amor" ou de "medo do compromisso afetivo". Não lhes adianta achar que os homens preferem mulheres fracas que possam manipular – sem se dar conta de que elas os manipulam – ou se deixam manipular por mulheres más. E, se essas forem as únicas estratégias amorosas possíveis, elas não estão dispostas a usá-las para caçar homens. Não querem acreditar que todos eles sejam tolos. Preferem continuar procurando o único que se mostre diferente. Resistem ao conformismo afetivo: "Melhor sozinhas do que mal acompanhadas", que aprenderam com suas mães fortes. Tampouco lhes adianta pensar que são muito ambiciosas: foram educadas para desejar o melhor de tudo, o melhor em tudo, sempre. Persistem em suas idéias sobre o amor; estão convencidas de que o amor que desejam é o melhor amor. Nada as fará desistir de sua procura.

Querem saber como e por que os desencontros amorosos acontecem. Estão dispostas a conhecer a verdade, mesmo que seja dolorosa para elas.

Querem entender por que às vezes elas se mostram como mendigas e em outros momentos como ladras afetivas diante dos homens por quem desejam ser amadas; por que, embora achem que os amam, às vezes sentem que os odeiam por serem maus e em outras que os desprezam por serem fracos; por que às vezes acham que não precisam deles para nada e em outras que não podem viver sem eles; por que se comportam diante deles às vezes como tolas e em outras como bruxas, se não são nem uma coisa nem outra. Querem entender por que – embora por dentro se sintam afetivamente fortes e boas – por fora se comportam como se fossem as metades opostas: às vezes como más, em outros momentos como fracas. Querem se entender.

Têm interesse de fazer as contas afetivas com os homens com prolixidade, com critérios mais confiáveis do que o desespero emocional. Supõem que isso lhes permitirá ver o que elas fazem para que eles não as entendam e, se conseguirem expressar com maior exatidão seus sentimentos, poderão corrigir os mal-entendidos afetivos. De acordo com esta ideologia amorosa, quando ganham, ganham muito: ser amadas pelo homem forte e bom que tanto desejam encontrar. Mas, embora percam, também ganham: deixam de se condenar acreditando que são más ou fracas, pensando que são enfermas ou afetivamente falidas, sentindo-se incapazes de amar como "se deve" e difíceis de ser amadas como gostariam. Talvez continuem não sendo entendidas pelos homens a quem amam e por quem são amadas, mas seguramente se amarão mais e entenderão melhor a si mesmas.

Estas mulheres não são boas, más, fortes nem fracas, mas exatamente o contrário; não amam como se deve, mas tampouco sabem explicar como amam.

Comportam-se como se fossem más ou fracas sabendo que não o são: preferem isso a ser consideradas estranhas, escorregadias, doentes, muito complicadas no terreno dos afetos. Querem ser alguém, definir uma identidade, mesmo se tratando de uma identidade que provoca rejeição. E isso acontece com elas desde pequenas.

Diz Alessandra: "Eu chorava cada vez que meus pais saíam de casa. Achava que tinha medo de ficar sozinha, mas na realidade tinha terror de que acontecesse alguma coisa com eles. Achava que eram tão frágeis... Também sofria porque a idéia de que tudo termina não me deixava desfrutar nada. Sempre tive medo da morte e esses assuntos não me saíam da cabeça, mas não falava a respeito com ninguém. Eles não me entendiam e me tratavam como se eu fosse uma filha insaciável, um barril sem fundo. Davam-me tudo o que podiam, mas não podiam me dar o que eu precisava, porque eu mesma não sabia explicar meus sentimentos".

Paula, Alessandra e outras mulheres como elas se sentem às vezes diabinhos e em outras anjinhos porque nasceram com um olhar afetivo binocular: olham a vida, pensam e sentem ao mesmo tempo e com a mesma intensidade como fortes e boas. Nunca se entregam e sempre confiam.

Não se entregam porque sabem que todas as pessoas – inclusive elas mesmas – têm seus limites. Percebem a impenetrabilidade de cada corpo, a opacidade de cada alma, a finitude do tempo e a estreiteza do espaço humano. Conhecem o significado das palavras precário, efêmero, contingente e relativo, e sabem que elas regem tanto o mundo dos sentimentos como o dos pensamentos. Não podem nem querem parar de pensar. Não podem nem querem se entregar com ingenuidade à ilusão do poder do amor, nem seguir a lei da salvação eterna dissolvendo-se no abraço do outro. Sempre confiam porque, ao mesmo tempo e com a mesma intensidade, sabem que cada ser humano – inclusive elas mesmas – contém a potencial perfeição do ser. Conhecem o significado profundo das palavras eterno, definitivo, essencial e incondicional, e sabem que elas regem tanto o mundo dos sentimentos como o dos pensamentos. Possuem uma intuição que lhes permite perceber a trama aberta em cada corpo, a porosidade de cada alma, a imensidão do tempo e a amplitude do espaço humano. Não podem nem querem parar de sentir. Não podem nem querem se entregar cinicamente ao amor ao poder, nem seguir a lei do salve-se quem puder, dissolvendo o outro em seus abraços. Necessitam do abraço do outro para poder suportar a dor das pequenas mortes cotidianas.

Não idealizam e confiam, sabem da morte, mas acreditam na vida, conhecem as imperfeições humanas e sustentam o desejo de excelência. Pensam o que sentem e sentem o que pensam; têm feito isso desde pequenas. Sabem desde pequenas que tudo é relativo: pensar relativiza seus sentimentos e sentir relativiza seus pensamentos. Não amam nem odeiam com apaixonado fanatismo porque sabem que toda emoção, todo pensamento, toda verdade é relativa: se dá em uma relação e depende de quem olha o quê de onde. Desde pequenas, amam a mãe, mas conhecem seus defeitos; conhecem os defeitos do pai, e o amam. Gostam de si mesmas quando são fortes e dispõem dos recursos necessários para se conduzir sozinhas na vida; mas não gostam de si mesmas quando se sentem capazes de ser más, de fazer o que querem, de mitigar os perigos que as espreitam. Gostam de si mesmas quando são boas e sabem proteger os outros dos perigos, fazer o que os outros querem; mas não gostam de si mesmas quando se sentem fracas, incapazes de obter o abraço que desejam, impotentes para resolver seus conflitos amorosos.

Sabem que amam muito, mas não aceitam que amem muito. Não lhes parece excessivo o desejo de desfrutar um amor poderoso e ao mesmo tempo amoroso; livre e seguro; sensual e terno; inteligente e sensível; misterioso e previsível. Sabem que, para elas, a opção não é entre acreditar ou não acreditar no amor, a ingenuidade ou a desconfiança, a segurança ou a liberdade, a simbiose ou a individualidade.

Sabem que suas necessidades afetivas não se aplacam com objetos (mesmo se tratando dos presentes mais caros e extravagantes), nem com elogios (elas conhecem muito bem seus defeitos), nem com encantadores sinais de admiração (querem deixar de ser as que sempre podem).

Algumas mulheres da idade de minhas filhas sabem que não são nem *masculinamente* fortes nem *femininamente* boas: sabem que são estranhas e indefiníveis em suas formas de amar, de pensar e de sentir. Sabem, em síntese, que são afetivamente bilíngües.

Mas não sabem que não é possível entendê-las quando expressam – de forma confusa, desordenada, em código – todos seus pensamentos ao mesmo tempo. Não sabem que, para quem as ouve – inclusive aqueles que as amam e querem entendê-las – suas enredadas formas de amar e pedir amor são ininteligíveis.

Sofrem desde pequenas porque costumam receber o contrário do que procuram: muitas vezes são rejeitadas por quem desejam ser amadas e escolhidas por quem rejeitam. Costumam ser tão mal-entendidas pelos outros que, sem entender nem como nem por quê, muitas vezes terminam ao lado de seus inimigos e em conflito com seus amigos.

Pedem, simplesmente, compreensão, mas as respostas que recebem com mais freqüência são olhares de pena ou de medo.

Elas não sabem por que não encontram a cumplicidade tão desejada, por que a intimidade amorosa tão almejada é tão elusiva para elas. Não sabem – e tampouco as pessoas que as amam – que o abraço que pedem é aquele que as ouça com atenção e empatia e consiga entender o que todos os seus anjinhos e diabinhos desejam, necessitam ou reclamam. Tampouco sabem que algumas vezes não recebem o abraço que poderia incluí-las afetivamente porque elas mesmas não sabem qual é o abraço de que precisam, nem como pedi-lo.

Quanto mais se irritam porque não são compreendidas pelos outros, pior se sentem e menos se fazem entender: se encerram mais em si mesmas. Quanto mais necessitam da compreensão do outro, mais difícil lhes é explicar seu desejo de ser entendidas assim como são e aumenta seu temor de que esses anseios jamais sejam satisfeitos.

Estas mulheres vivem uma vida afetiva dupla. Não mentem – o amor à verdade nasceu com elas – mas, para não assustar nem ferir os seres amados, para não ser feridas por eles, mascaram o que sentem: acham que devem ser perigosas e estranhíssimas se nem as pessoas que as amam conseguem entendê-las. Laurie, uma jovem psicóloga nascida e criada em Los Angeles no seio de uma família que tentou manter sem alterações as tradições da Índia de seus antepassados, conta: "Cresci me sentindo uma estrangeira e vivendo como se pertencesse a uma minoria dentro da minha própria comunidade. Bem, não era exatamente estrangeira, mas tampouco era parecida com o resto da minha família ou das famílias de meus amigos. Tinha interesse por coisas diferentes das que interessam a minha mãe, a meu pai, a minha irmã e a 98% de meus companheiros de escola. Era muito respeitosa para me marginalizar do todo e muito diferente para me adaptar totalmente". Laurie acabou criando um mundo privado, que define como "uma vida secreta em meu limbo". "Recordo de mim me olhando viver desde que era criança. Nunca me encaixei; sempre estive presente e ausente ali onde acontece minha vida. Para não me sentir tão sozinha, criei uma voz interior que me faz companhia; sei que é minha própria voz, mas a sinto como se fosse a de alguém que me entende mais do que eu: me acalma, me consola, me corrige. Não posso me guiar pelos conselhos dos demais, que não sabem quem eu sou. Minha irmã, por exemplo, acha que sou lésbica e minha mãe acha que sou perfeita e ao mesmo tempo às vezes me trata como se temesse que eu seja um monstro. Elas não sabem quem sou."

Para proteger sua família e a si mesma, nunca lhes contou de suas andanças pelo mundo, quando ia procurar um parceiro. "É que, apesar de me sentir única e de não poder me misturar com a maioria, sempre achei que deviam existir outros como eu. Mas me sentia muito sozinha, tinha muito medo de me perder. Era muito estranho: por um lado, me sentia mal levando aquela vida secreta; e por outro, me irritava muito com minha mãe que, em certo sentido, me obrigava a viver dessa maneira. Não me entendia nem aceitava que eu fosse diferente dela e de minha irmã e de minhas primas."

Esse espaço privado e secreto do limbo protege mulheres como Laurie dos olhares críticos de quem as ama, mas também as coloca em uma posição de bichos exóticos da família. Ao limbo não chegam as agressões das pessoas que as amam, mas as temem por suas diferenças; tampouco os possíveis abraços daqueles que estão dispostos a tentar entendê-las porque as amam.

Dentro do limbo, a sós, deixam seus afetos livres e liberam seus sentimentos: criam seu próprio casulo, um útero amoroso e poderoso que lhes acaricia a ferida exata, acalma suas dolorosas dúvidas, desata suas contradições dilacerantes. Como os pássaros, elas sabem armar esse ninho com os fiapos de abraços exatos que receberam de suas mães, de suas avós, de alguma tia, talvez de alguma amiga da mãe.

Algumas de nós fomos mulheres de afetos contraditórios porque nossa migração afetiva nos levou a viver divididas entre o mundo do trabalho e o mundo do lar, mas sempre soubemos que não havíamos chegado ao porto, ainda. E, no meio das turbulentas contradições afetivas e das enlouquecedoras mensagens duplas que passamos a nossas filhas, também lhes transmitimos, quase inaudíveis, nossos desejos de que elas continuassem a procurar o encontro com elas mesmas.

No limbo, nossas filhas esquecem nossas palavras contraditórias e se reencontram com nossos abraços inteiros, limpos, sinceros, exatos. No limbo, ouvem dentro de si uma emoção sincrética e difícil de decifrar quando não se conhece o código para decifrá-la. Peço emprestadas as palavras do poeta espanhol Gabriel Celaya para descrever como um "pulso que golpeia as trevas" o sentimento de que "mal nos deixam dizer que somos quem somos" padecido por algumas mulheres. Elas sentem isso e compreendem desse modo muito de suas mães: mulheres boas que não queriam ser fracas e muitas vezes agiram como más para se sentir fortes.

No limbo, as emoções não assustam nossas filhas: elas intuem que nós parecíamos desonestas porque não soubemos escapar de nossas contradições. E também intuem que fomos sinceras em nossa intenção de respeitá-las mais do que os adultos respeitam normalmente uma criança. Sabem que lhes demos liberdade para decidir, o direito de defender suas próprias opiniões, espaços para investigar seus próprios desejos. No limbo, elas se abrigam nesse amor às vezes muito racional, às vezes muito frio e distante, mas exato e verdadeiro em sua intenção de respeito. Recordam o abraço exato que às vezes existiu em alguma cena fugaz e minúscula, mas verdadeira e real para elas.

No entanto, fora do limbo, quanto tentam se relacionar com outros, estas mulheres descobrem que não conseguimos entendê-las porque não toleram se sentir tão diferentes de nós, de suas companheiras de geração e de seus pares; não toleram se sentir tão sozinhas em suas maneiras de sentir e pensar. Preferem achar que estão equivocadas, que são apenas diferentes, doentes ou loucas. Ou esconder seus sentimentos verdadeiros, ou disfarçá-los. Ou duvidar de si mesmas: certamente não amam como se deve. Como explicar, a não ser por meio da loucura ou da doença, as falhas das quais as acusam aqueles que não as entendem, ou as maldades que – efetivamente – elas fazem, sem poder evitá-las, sem querer fazê-las, quando não se sentem compreendidas como precisam?

Duvidam de si mesmas porque não percebem que suas dificuldades se devem à forma emaranhada, ilógica e confusa em que suas emoções se apresentam diante de quem não sabe ler ou não tem interesse em entender os sentimentos paradoxais. Não percebem que podem se transformar em pessoas afetivamente sincréticas.

Sincretismo, diz o dicionário, "é um sistema filosófico que tenta conciliar doutrinas diferentes". Outras acepções do termo incluem "a combinação de diferentes formas de crenças ou práticas; o resultado da tentativa de harmonizar elementos de origens diferentes sem levar especialmente em conta a unidade lógica". Em geral, esse termo é utilizado para se referir a sincretismos culturais ou religiosos. Eu o utilizo para me referir à combinação de algumas características de diferentes emoções.

As sincréticas afetivas dão um passo que vai além do dicionário: em seu ardente desejo de encontrar uma unidade afetiva harmônica em sua complexidade, se esforçam, ao mesmo tempo, para entender a lógica de suas emoções. Colocam-se na linha de frente e se expõem aos perigos que se escondem no caminho da procura de suas próprias verdades afetivas. Toleram a solidão e se atrevem a não se parecer com suas mães, suas companheiras de geração ou seus eventuais parceiros. Embarcam na tarefa de elucidar, ordenar, organizar e explicitar os sincretismos afetivos que as definem, e assim se separam definitivamente das formas afetivas partidas que elas unem. Suportam a dor de ser acusadas de trair tanto seus parceiros como seus progenitores.

Laurie conta: "Quando comecei a falar, sentia que as palavras corriam em disparada dentro da minha cabeça como se fosse um tropel de potros selvagens. Corriam mais depressa do que meus pensamentos e minha voz; atropelavam-se na minha garganta, sentia falta de ar, minha mãe me provocava porque tinha medo de que eu me sufocasse, eu ficava mais nervosa e as palavras que queria dizer para que me entendesse corriam ainda mais depressa dentro da minha cabeça. E ela se irritava mais comigo, temendo que eu me sufocasse. Eu me desesperava porque ela não me entendia e acabava gritando e cuspindo sons desarticulados".

Muitas mulheres de minha geração, assim como muitos homens da geração de minhas filhas, se assustam com a maneira de amar dessas mulheres. Fugimos de seus olhares implacáveis, não entendemos sua maneira de abraçar e de querer ser abraçadas. Sentimo-nos muito demandados, muito exigidos, muito responsabilizados por não lhes dar o amor que nos pedem. Mas nem sempre nos damos ao trabalho de fazer o papel de seus espelhos afetivos impecáveis. Para nos defendermos das acusações de desamor, as acusamos de ser muito ávidas ou muito pretensiosas. Sempre é mais fácil culpar o outro. Por isso, quando as mães ou os parceiros destas mulheres nos sentimos criticados injustamente, e sentimos que, apesar de seus esforços, elas não se conformam, lhes devolvemos as críticas: elas são as culpadas por nossas dificuldades de abraçá-las.

Não as reconhecemos; pior ainda: as negamos. As mães renegam algumas de suas filhas apesar de ter sido elas que plantaram nelas o desejo de progredir e de se manter livres, sem amarras. Os homens que mais lhes interessam também as renegam, apesar de serem eles quem as incentivam a ser como são quando proclamam que se sentem mais atraídos por mulheres que não sejam presas muito fáceis de capturar.

Nós as incentivamos a ser afetivamente boas, mas quando o são as acusamos de fracas. Quando nós, as mães, ou seus potenciais parceiros, não conseguimos amá-las, dizemos que elas são as culpadas. Esse pensamento tranqüiliza nossas consciências, mas não resolve o problema. Continuamos sem entender o torvelinho de pensamentos e emoções que invadem suas cabeças e seus corações.

E, como o problema não é solucionado e continuamos sem compreendê-las, quando estas mulheres querem ser abraçadas não têm outra opção além da de se encaixar nos abraços disponíveis: aquele que é entregue às fracas feridas ou aquele que é entregue às más arrependidas.

Fora do limbo, podem receber nosso abraço piedoso quando suas forças se vêem anuladas, e suas capacidades defensivas quebradas. Algumas mães e alguns homens só sabem abraçar estas mulheres quando se sentem tão angustiados por seu desamparo que começam a sentir pena. Também podem contar com nosso abraço rigoroso quando temem tanto a si mesmas pelo descontrole de suas capacidades agressivas que nós e eles deixamos de respeitá-las, perdemos o medo delas e conseguimos nos aproximar.

Quando fracassam em suas tentativas amorosas e não entendem por quê, quando já não suportam a si mesmas e se sentem muito fracas ou muito más, muito desamparadas ou muito descontroladas, estas mulheres se conformam com migalhas amorosas ou com reprimendas derivadas do amor. Agem como se fossem mendigas ou pecadoras afetivas. Ainda não sabem que são, simplesmente, sincréticas afetivas que não se deram o trabalho e o tempo para desemaranhar com paciência suas confusas emoções nem para entender como e por que colocaram em um mesmo lugar sentimentos contraditórios.

Estas mulheres não têm culpa pelo fato de suas mães e seus pares não terem sabido lhes dar o amor de que necessitam. Mas são sim responsáveis por diferenciar quando não lhes dão porque não queremos, ou quando, simplesmente, porque não sabemos: não encontrarão o abraço exato enquanto não souberem pedi-lo, enquanto não conseguirem explicar como amam e como precisam ser amadas; enquanto não souberem diferenciar os desencontros amorosos que são provocados por mal-entendidos, e quais por desamor, enquanto não discriminarem se seus pedidos amorosos são ditados pelas vozes dos diabinhos inteligentes, dos anjinhos tontos ou de suas complexas e ainda muito emaranhadas necessidades afetivas.

Algumas demoram mais do que outras a desenredar e entender seus afetos. Outras tardam mais a se dar conta de que, quando deixam que a raiva as invada porque suas mães e seus parceiros não as entendem, não são fortes, mas muito fracas: só reagem a nossa ação. Demoram a entender que, quando se deixam invadir pela culpa de terem nos atacado tentando se defender de nossos ataques, não são más, mas muito boas: assumem sozinhas toda a responsabilidade pelo desencontro.

Custa-lhes aceitar que agem como fortes e fracas, más e boas porque acompanham os passos das contraditórias coreografias amorosas das pessoas que amam e por quem desejam ser amadas.

Cada geração incentiva a seguinte a progredir. O progresso traz a mudança: o abandono, a traição, a rejeição dos modelos de vidas anteriores. As expectativas, os desejos, as necessidades mudam de geração em geração, assim como as definições de felicidade. A maneira de pensar, sentir e agir das pessoas muda dentro de uma mesma família. Mudam as identidades, as formas de ser de mães para filhas, de pais para filhos. Os distanciamentos e os mal-entendidos geracionais são inevitáveis, mas alguns doem mais do que outros. Quando algumas mulheres da geração de minha mãe se transformaram em gaúchas-judias na Argentina (ou ítalo-americanas nos Estados Unidos ou afro-brasileiras no Brasil), inaugurando um sincretismo cultural, sabiam que não podiam contar com suas mães para aprender as novas línguas e os novos costumes culturais. No entanto, nunca duvidaram dos abraços de suas mães. Podiam rejeitá-los, desprezá-los ou abandoná-los, mas estavam ali, claros, definidos, incondicionais e sempre disponíveis para as filhas.

Quando algumas mulheres da minha geração se transformaram em mulheres profissionais, inaugurando um sincretismo profissional, sabiam que não podiam contar com suas mães para se sentir compreendidas em seus vôos profissionais. No entanto, nunca duvidaram de seus abraços. Podiam rejeitá-los, desprezá-los ou abandoná-los, mas estavam ali, claros, definidos, incondicionais e sempre disponíveis para elas. Suas mães não as entendiam, mas admiravam sua maneira de ser mulher.

Porém, as dificuldades de entendimento entre as mulheres da idade de minhas filhas, que inauguraram um sincretismo afetivo, e suas mães são mais brutais, dolorosas e difíceis de tolerar do que as que nós sofremos com nossas mães.

No mundo profissional, nossas filhas e nós somos igualmente fortes e boas. Embora não trabalhemos apenas pela compensação econômica, tanto elas como nós somos mulheres profissionais, e como tal nos entendemos, respeitamos, abraçamos e aprendemos umas com as outras. Sentimo-nos mutuamente orgulhosas, amadas e amáveis em nossos desempenhos intelectuais. Vivemos no mesmo espaço profissional.

Mas habitamos mundos afetivos diferentes. Algumas de nossas filhas querem um amor total – que nós mesmas lhes ensinamos a desejar –, mas suas mães só sabem praticar um amor em pedaços que condena o nomadismo. Não as entendemos, se irritam conosco porque não as entendemos, nós ficamos irritadas com elas porque não nos entendem. Nem elas nem nós nos sentimos amadas como gostaríamos.

Algumas das mulheres da idade de minhas filhas temem estar condenadas a não amar nem ser amadas como desejam: se nem mesmo suas próprias mães as entendem assim como são, talvez nunca seu abraço alcance o outro nem sejam abraçadas como precisam.

Ainda não se dão conta de que seus afetos são emaranhados, pois é impossível obedecer ou desobedecer a uma contradição: quando se desobedece a um elemento da equação contraditória, se obedece a outro, inexoravelmente.

A verdade é que, enquanto tentarem nos obedecer ou nos desobedecer, as filhas das mães afetivamente contraditórias como eu não poderão senão repetir com seus parceiros o tipo de relações contraditórias, ambivalentes e erráticas que mantiveram e continuam mantendo com a gente. Não podem nos imitar em tudo nem se opor a nós por completo. Não podem fazer como as mulheres que não mantêm nem mantiveram nunca relações ambivalentes com suas mães: repetir ou mudar por completo algumas das ideologias amorosas. Nunca serão nem as orgulhosas herdeiras daquelas mulheres que souberam ser excelentes guerreiras no mundo do poder nem as que souberam ser excelentes gueixas no mundo do amor, nem aquelas que reivindicam a memória de suas mães derrotadas ou humilhadas. Suas contraditórias mães foram, às vezes, excelentes guerreiras e outras vezes excelentes gueixas. Mas nunca sentiram orgulho de suas contraditórias maneiras de amar; em particular ficavam complexadas pelas suas contraditórias formas de amor maternal. Por isso nunca lhes ensinaram que podiam sentir orgulho de suas inusitadas, paradoxais, multifacetadas maneiras de amar.

Tampouco fomos tão derrotadas ou humilhadas no terreno amoroso a ponto de nossas filhas levantarem barricadas por nós sem estar exagerando. Elas sabem, embora muitas vezes tenhamos tentado fazê-las crer, que nem sempre suportamos ser vítimas dos homens maus. Às vezes também fomos seus algozes. E, em respeito à verdade, as mulheres que procuram a justiça afetiva procuram um amor impecável, onde não existam vítimas nem algozes. Mas nós, suas mães, não soubemos lhes ensinar que esse amor pode ser encontrado entre as pessoas que respondem à ética amorosa e não entre aquelas que obedecem aos costumes morais.

As mais obedientes dependem dos olhares daqueles que as amam: para ser como são, precisam da aprovação, do consentimento e da permissão de seus familiares – especialmente de suas mães –, de suas amigas e de seus pares. Procuram confirmar que não estão erradas no juízo das pessoas que não podem avaliá-las porque não entendem quem são estas mulheres, como ou por que são como são.

As mais rebeldes tentam se convencer de que não precisam da aprovação de ninguém. Sabem desde pequenas que não amam como se deve: nunca param de pensar. Mas também sabem que amam: nunca param de sentir.

Duvidam das formas de seu amor, mas não duvidam de suas motivações amorosas: sabem que porque são fortes podem ser boas, embora não saibam se explicar nem os seres amados as entendam, já que às vezes parecem muito racionais ou duras e outras muito temperamentais ou sensíveis. Algumas decidem correr o risco de se mostrar como são durante a infância, diante de seus pais: deixam sair descontroladamente o tropel de emoções e pensamentos que lhes explode por dentro. Outras o fazem já quando adultas, quando descobrem que, mesmo nos momentos em que sentem que tudo está perdido, ainda têm ânsia de aprender. Estão dispostas a tolerar as agressões, os sofrimentos, as feridas inevitáveis que acarreta o fato de se mostrarem selvagens em um mundo domesticado, porque acreditam que não são completamente loucas nem estão muito doentes. Embora só contem com alguns indícios imperceptíveis para quem não está interessado em encontrá-los, acreditam que o abraço exato que conseguirá entendê-las, que conseguirá acalmar suas angústias, existe na realidade.

Em vez de se sentir deslocadas, optam por não se encaixar e escapam de todos os modelos amorosos difundidos entre as mulheres de sua geração.

Aceitam seu sincretismo afetivo. Traduzem suas emoções bilíngües, de tal modo que, ao invés de viverem em um mundo que as faça escolher entre uma coisa ou outra, se mudam para um que lhes possibilitem as duas opções ao mesmo tempo. Reconciliam-se com o fato de que sempre amaram de uma maneira diferente: desde pequenas precisam do amor verdadeiro mais do que da própria vida, mas não precisam do amor para viver de verdade.

Em uma nota jornalística publicada na década de 1920, o escritor argentino Roberto Arlt, um iconoclasta por excelência, respondeu a um leitor que havia lhe apresentado a seguinte questão: "Como a pessoa deve viver para ser feliz?" "Acredito que há uma forma de viver uma relação com os semelhantes e consigo mesmo que, se não leva à felicidade, dá ao indivíduo que a pratica uma espécie de poder mágico de domínio sobre seus semelhantes: é a sinceridade. Ser sincero com todos, mesmo que se prejudique. Mesmo que quebre sua alma contra o obstáculo. Mesmo que fique só, ilhado e sangrando. Essa não é uma fórmula para se viver feliz, creio que não; mas o é, sim, para se ter força e examinar o conteúdo da vida, cujas aparências nos mareiam e enganam sem parar."

Paula, Natasha, Alessandra, Michele, Andrea, Laurie e outras mulheres como elas parecem seguir estes conselhos ao pé da letra. Não sabem o que lhes acontece afetivamente, mas sabem que, para entender a si mesmas, precisarão recorrer a outros critérios de felicidade e de justiça nas relações amorosas.

Param de se culpar e param de culpar: ninguém tem culpa de elas terem nascido se sentindo excessivamente selvagens para se encaixar nos moldes sociais. Mas reconhecem que é sua a responsabilidade de decidir se preferem ficar vivendo na selva e se esconder em seus limbos secretos, renunciando para sempre a ser compreendidas por aqueles que gostariam que as amassem, ou se devem optar por viver em um cativeiro porque temem demasiadamente a si mesmas, porque preferem ser protegidas por quem as ama, mas não as entendem. Ou se estão dispostas a fazer o esforço de aprender – inventar, descobrir, criar – um sistema de traduzir suas sincreticamente selvagens formas de amar para as dissociadas, contraditórias e incompletas, mas reconhecíveis e compreensíveis, formas de amar civilizadamente.

Quando optam por esta última possibilidade, aceitam que devem ser as primeiras a tentar um diálogo: traduzem a si mesmas e encontram palavras específicas e exatas para explicar seus sentimentos e pensamentos. Esforçam-se para deixar de recorrer aos gritos de dor e de raiva que saem descontroladamente de suas bocas sempre que se sentem incompreendidas.

São as primeiras a se entregar a um abraço exato: esmiúçam com cuidadosa prolixidade e explicitam com total transparência seus sincretismos afetivos porque confiam que podem evitar os desencontros que não são produzidos por desamor, mas por mal-entendidos.

Apesar da dor, do medo de se equivocar e do incômodo que lhes causa se sentir diferentes, algumas mulheres da geração de minhas filhas seguem Arlt, que insistia: "Não olhe o que os outros fazem. Não dê a mínima à opinião do próximo. Seja você, você mesmo sobre todas as coisas, sobre o bem e o mal, sobre o prazer e a dor, sobre a vida e a morte." Talvez nem sequer tenham ouvido o nome deste autor, mas parecem mais do que dispostas a seguir suas propostas antes de se comportar conforme as regras sociais.

Cansadas de tantas desilusões amorosas, perplexas por se sentirem derrotadas no terreno sentimental quando são tão bem-sucedidas em todos os outros, resolvem usar, para abandonar a *terra incógnita*, os mesmos recursos que usariam para escapar de uma confusão profissional, social ou cultural. Resolvem se esquecer de tudo o que aprenderam: aceitam ser autodidatas afetivas e se dedicar a descobrir, criar e inventar suas próprias definições do melhor amor, seus próprios modelos românticos. Adotam as informações mais úteis dos ensinamentos de seus pais e plantam-nas em novos cenários, dando-lhes assim novos significados. Lançam-se à tarefa e recorrem a suas reconhecidas habilidades: inteligência, obstinação, tenacidade, valentia, honestidade e firmeza de propósitos, capacidade de superar os fracassos e aprender com seus próprios erros.

Têm certas dificuldades para ensinar a si mesmas – e aprender – a ser pacientes com elas mesmas e com seus companheiros de relação amorosa, já que esta qualidade – tão importante para uma aprendizagem que não conta com receitas comprovadas ou com roteiros a seguir que prometam o êxito – não faz parte do acervo das virtudes das mulheres da geração de minhas filhas. Atiram-se no poço – em uma glosa de Arlt – tentando entender quais são seus erros amorosos e seus equívocos afetivos. É que elas parecem saber – como Arlt parecia saber – que se equivocar é parte inevitável do processo de aprendizagem: "A pessoa se equivoca quando tem de se equivocar. Nem um minuto antes nem um minuto depois. Por quê? Porque assim dispôs a vida, essa força misteriosa. Se você se equivocou sinceramente, será perdoado. Ou não o perdoarão. Tanto faz. Você segue seu caminho. Contra o vento e a maré. Contra todos, se for necessário ir contra todos. E creia-me: chegará um momento em que você se sentirá tão forte que a vida e a morte se converterão em dois brinquedos em suas mãos." Estas mulheres não sabem se isto será assim, mas estão certas de algo: quando se conhecerem mais, quando se entenderem melhor, deixarão de temer a si mesmas. Por isso não poupam esforços em investigar quais aspectos de suas identidades são amáveis e quais são rejeitáveis; por que merecem ser amadas e por que temidas; quando e como devem pedir um abraço e quando e como devem oferecê-lo.

Estas mulheres descobrem que, se não as satisfaz a felicidade oferecida pelos mundos do amor e do poder, se estão dispostas a criar seu próprio sistema afetivo, baseado no amor à verdade, e a procurar pessoas que queiram viver nele ao lado delas, devem sustentar "contra o vento e a maré" suas maneiras de amar, mesmo que pareçam estranhas, deslocadas, incompreensíveis. Para estar em condições de se explicar ao outro, só precisam entendê-las – a si mesmas – melhor.

As mulheres que sentem tudo acham que não sentem nada; temem não ser ninguém, mas sabem muito. Sabem que cada ser humano é só, nasce e morre só: um mundo em si mesmo, uma ilha separada do resto, um ponto de vista, um traço no universo infinito. E precisam de um amor que lhes dê a possibilidade de suportar esse conhecimento. Precisam de um abraço que as ajude a integrar em um todo harmonioso os pequenos fragmentos de seus afetos dispersos, de seus múltiplos eus; a suportar a solidão existencial e a finitude do corpo. Para elas, o amor verdadeiro é aquele que manifesta o sagrado no profano e o social no pessoal, o eterno no efêmero, a alma no corpo, a pessoa no casal; é aquele que tece – em uma tela precisamente tecida – o masculino e o feminino, a força e a bondade. É aquele que as ajuda a amar a si mesmas.

Retomo o testemunho de Laurie: "No dia em que conheci um homem complexo como eu, senti rejeição. Foi como escutar minha mensagem na secretária eletrônica e querer apagá-la porque a gravação da minha voz soava estranha. Não voltei para casa pensando que pela primeira vez havia encontrado alguém parecido comigo, mas pensando – como minha mãe – sobre como aquele homem seria atípico, menor e certamente instável. Mas quando lhe contei por que não me agradava, ela começou a elogiá-lo pelas mesmas razões que eu achava que o rejeitaria. Comecei a chorar. Se minha mãe o aceitava como era, queria dizer que me aceitava como sou. Quando me aconselhou a ir atrás dele, senti que por fim atingira a liberdade de escolher por mim mesma. Foi como quebrar o último tijolo do muro que durante tanto tempo nos impediu de nos ver e de nos abraçar. Compreendi que não importa que minha mãe entenda cada aspecto de minha personalidade nem que eu não caiba em seus modelos, mas sim que basta saber que cada uma cabe no abraço da outra."

A verdade, no entanto, não está no fato de sua mãe a ter aceitado tal como ela é. Aconteceu que Laurie, suportando exclusões, solidões, inadaptações e desencontros afetivos, aceitou a si mesma e pôde ensinar a sua mãe que não é necessário ser igual para se abraçar por inteiro. Laurie soube mostrar a sua mãe que só é necessário ser exato no conhecimento e na aceitação das diferenças.

Se as mães aprendessem com suas filhas novas formas de amar, elas também escapariam do círculo vicioso das contradições afetivas. Se os parceiros de nossas filhas aprendessem a dançar os amores compartilhados, eles também escapariam dos dilacerantes amores partidos.

"Uma noite papai e mamãe tentaram me explicar por que devia concluir meus estudos e ter um diploma, mesmo que depois fosse trabalhar em outra coisa. Não sabiam o que fazer comigo. Enquanto falavam, imaginava-os como se ele fosse uma berinjela fumando cachimbo e ela uma abóbora de óculos", recorda uma destas mulheres. "Eles queriam que eu tivesse alguma identidade social. Queriam que eu fosse alguma coisa, qualquer coisa, mas alguém. Mas eu não estava disposta a me disfarçar de um personagem qualquer só para cobrir minha nudez existencial. Fiquei angustiada ao perceber que, se lhes dissesse isto, não me compreenderiam. Aquela noite solucei até que vieram me abraçar, e só então pude desabafar: chorei tudo o que uma pessoa pode chorar. Essa era a única coisa de que eu precisava: que me abraçassem, que me fizessem sentir, embora fosse por um instante, que não estávamos sozinhos diante da imensidão. Amor para mim é isso."

Algumas mulheres da idade das minhas filhas descobrem que a condição humana de *ser* sozinhas não as obriga a *estar* sozinhas, separadas ou isoladas de outros seres humanos. Conseguem desenredar seus sentimentos emaranhados e descobrem, finalmente, o que é o amor verdadeiro para elas: o que lhes permite praticar o abraço que as faz se sentir em casa, um abraço que as ampara diante da consciência nua e crua da solidão existencial, da finitude da vida, da certeza da morte, do abismo da diferença. Não procuram mais o abraço grandioso e completo, mas aquele que esteja disposto a fazer o esforço de decodificar e ajudá-las a decodificar suas complexas necessidades afetivas. E, coerentes no compromisso com a verdade, oferecem-no e o pedem a seus seres amados.

10. Amores compartilhados

"Se eu não sou para mim, quem o será? Se sou só para mim, quem sou?", ensina a velha sabedoria talmúdica.

Custa às minhas filhas e a algumas mulheres de sua geração ser para elas: têm muito interesse pelo outro para poder se desligar dos olhares alheios. Por isso procuram algo mais do que aquilo que Walter Benjamin descreveu como felicidade: "Poder perceber a si mesmo sem temor." Elas também desejam não ser temidas por aqueles que querem que as amem. Mais ainda, querem ser entendidas, protegidas, compadecidas, consoladas, incentivadas e abraçadas por aqueles que as amem, naquele lugar da intimidade onde mais temem a si próprias, onde seus anjos e seus demônios internos lutam com todas as forças e em igualdade de condições.

Minhas filhas e algumas mulheres como elas sonham em manter relações amorosas nas quais o eu para elas coincida com o eu que também é para outros.

Para conseguir que o outro as ame como são – e, em conseqüência, que elas entendam melhor suas estranhezas, corrijam seus defeitos e aperfeiçoem suas virtudes – essas mulheres descobrem que precisam des-aprender as maneiras de amar e nomear o amor que aprenderam com as mães.

Questionam o contraditório sistema afetivo que nos viram habitar: decidem abandonar os dois territórios dos amores partidos e acabar com sua interminável perambulação entre os dois. Acreditam que assim conseguirão escapar do círculo vicioso de raiva e culpa, de vítimas e algozes, de submissões e rebeldias, de desencontros e mal-entendidos afetivos.

Algumas inventam novas maneiras de amar desde pequenas, assim que começam a se relacionar com o outro. Parecem entender desde que nascem o significado profundo da frase do profeta Hillel: se elas não são para si mesmas, ninguém o será. Também parecem saber desde que nascem que ser só para si tira o sentido de suas vidas.

Na revisão das contabilidades afetivas que marcam suas identidades desde a infância, tentam ser justas e compassivas tanto com elas como com os outros. Quem me ensinou isso foi Paula, minha filha caçula, em outubro de 1995, quando me escreveu dos jardins de Luxemburgo, em um descanso de sua peregrinação existencial que naquele momento a levara às ruas parisienses:

Olá, mamãe, minha companheira de vida:

Hoje tropecei em umas rosas cor de chá, aquelas de que você tanto gosta, e senti-a tão presente, tão ao meu lado como aquelas rosas. Sei que nossa última conversa telefônica foi feia. Peço perdão por ter gritado com você quando não agüentei mais que me fizesse tantas recomendações e corrigisse tudo o que faço. Por favor, não nos desesperemos. Sei que nós duas queremos o melhor para mim. Sei que nós duas procuramos a clareza de nossas ações, de nossas relações. Sei, também, que lhe falta confiança em mim e acredito que é porque lhe falta confiança na forma de como foi minha mãe. Você se atormenta pelo que não me deu, sem perceber que o que me deu de fato foi me permitir acreditar que os vaivéns da vida são nossa maneira de procurar uma forma verdadeira de estar no mundo. É muito fácil estar juntas quando minha forma de ser coincide com a sua, e eu faço o que você quer, mas é mais difícil recordar que nos amamos quando divergimos. Eu lhe peço que confie na essência de cada uma de nós e que recorde que cada vida tem sua forma.

Por favor, me ame com mais leveza. Não lhe peço que seja mais superficial ou mais banal ou desinteressada em sua maneira de me amar; peço-lhe, simplesmente, que dê menos importância aos detalhes em que não concordamos e preste mais atenção aos valores que compartilhamos e que aprendi a respeitar com você. O futuro é o futuro e é gestado no hoje. Você me deu a vida, mas agora minha vida é minha e sou eu quem a constrói. Sei que meu parâmetro para não me equivocar é essa voz que sussurra dentro de mim e me ensina muito mais do que os gritos com que você me desafia ou os silêncios com que me castiga. O caminho mais curto entre dois seres humanos que se amam é o possível, embora não seja a linha reta e fácil que imaginamos.

Sua companheira de vida e filha que a ama,

Paula

Paula sempre questionou meus abraços imprecisos, meus amores partidos, meus sentimentos dicotômicos. Nesta carta, me pedia que a liberasse do peso de um abraço de que não necessita com a mesma intensidade com que em sua infância reclamara da ausência do abraço de que necessitava. Paula me pedia perdão por ter gritado comigo, mas tanto essa irritação como a anterior haviam sido motivadas pelo amor. Questionava meus abraços convencida de que ela e eu poderíamos nos abraçar mais completa e claramente.

Mulheres como ela precisam abandonar os sentimentos de raiva e de culpa em que permanecem mesmo quando estes são os únicos afetos entendidos pelos outros que não são como elas. Em alguns casos, a dolorosa verdade é que algumas mães e alguns homens rejeitam estas mulheres porque, como não as entendem, têm medo delas e não estão dispostos a exercer a exatidão afetiva de que elas necessitam. Mas existem outras mães e outros parceiros que gostariam de entendê-las. Se estas mulheres confiassem mais nelas mesmas, se tivessem a coragem de falar a partir de suas verdades afetivas, se se animassem a se mostrar por fora como se sentem por dentro, se se permitissem ser como são – sem estar tão dependentes dos gostos e das preferências do outro – e se deixassem de se temer e de temer tanto o outro, não apenas o ajudariam a não temê-las: também o ajudariam a não temer a si mesmos. Poderiam distinguir quando o outro é de fato perigoso e quando meramente se confunde em sua complexidade.

Para as sincréticas afetivas, o amor não consiste em se entregar ao caçador mais experiente nem em se converter no maior predador. Ao contrário, o amor consiste em não ter de se defender do mal-entendido nem lutar para ser ouvida. Consiste em se compreender e ser compreendidas assim como são: seus afetos são difíceis, mas não impossíveis de decifrar. Acreditam que podem compreender – e fazer com que aqueles que as amam compreendam – que suas necessidades afetivas são complexas, mas nem sempre confusas; são intrincadas, mas nem sempre impossíveis de desenredar; são insólitas, mas nem sempre extravagantes. Procuram dançar uma coreografia amorosa baseada no respeito e na confiança, não na admiração ou na idealização. Aprender a dançá-la requer o entendimento da alma mais do que o abraço corporal, a terna lucidez mais do que a cegueira passional, o enriquecimento a partir das diferenças mais do que a soma de semelhanças. As pessoas que se animam a se mover ao compasso deste amor privilegiam os acordos afetivos gerais e não temem os desacordos parciais. Ao contrário: partem da necessidade de pensar, sentir e existir como seres separados de quem amam e daqueles por quem desejam ser amados. Não procuram quem lhes entregue todas as respostas, mas quem lhes permita fazer todas as suas perguntas, sempre mutáveis, sempre inquietas, sempre atrás da verdade mais verdadeira em um mundo onde tudo é relativo. Mais ainda, procuram o abraço amoroso de quem as ajude a formular melhor as confusas e desorganizadas interrogações que elas usam para olhar a si mesmas. Procuram um companheiro de dança que as respeite e que as entenda – e por que não dizê-lo – ainda mais do que se respeitem e entendam a si mesmas; precisam de um abraço que tolere todas as suas perguntas, mesmo as que elas temem se formular.

Algumas mulheres da idade de minhas filhas se atiram com mais confiança do que outras na procura do parceiro. Contam com mães que não as entendem por completo, mas se esforçam na tentativa de respeitá-las: estão em paz com as mães e com elas mesmas. Outras abandonam seus ressentimentos e fazem as pazes com suas mães: compreendem por que suas mães as ferem, compreendem que gostariam de entendê-las, mas não possuem a habilidade necessária para fazê-lo. Compadecem-se tanto delas por suas impotências afetivas como de si mesmas por terem mães afetivamente incompetentes.

Outras fazem as pazes com suas mães e abandonam qualquer esperança de obter seu abraço. Compreendem por que se sentem tão feridas. Compreendem que suas mães possuem as habilidades necessárias para entendê-las, mas não querem fazê-lo: não estão dispostas a perder o controle afetivo aprendendo novas formas de amar, para elas desconhecidas. As contabilidades afetivas destas mulheres indicam que, para confiar no amor, precisam se afastar, concreta e definitivamente, dos afetos maternos. Dolorosamente, aceitam que há amores que matam e, para salvar-se deles, são necessárias separações terapêuticas. Caso contrário o medo de si mesmas aumentará ao ver que suas próprias mães se espantam diante delas quando se mostram assim como são.

Recebem de suas mães um estímulo ativo, uma permissão silenciosa, um olhar carinhoso, mas insensível, ou a devastadora ausência de um olhar compreensivo. E então começam o trabalho de desaprender suas contraditórias maneiras de amar, descobrindo, no caminho da busca de outra verdade afetiva: reconhecem-se como mulheres que amam de uma maneira diferente, mas amam. Animam-se a expressar com exatidão quem são e quais são suas necessidades afetivas. Encontram novas palavras para definir suas formas de sentir.

Aquelas que acreditam que a verdade as aproximará da felicidade não estão dispostas a se conformar com um amor só pensado ou sentido, só desconfiado ou crédulo, só livre ou seguro, só sexual ou fraternal, só apaixonado ou suave, só tradicional ou rebelde, só verdadeiro ou mediano. Aquelas que acreditam que a verdade as aproximará da felicidade também resistem a optar entre amar e ser amadas, ser sujeitos que desejam ou objetos do desejo, ser fortes ou boas, aspirar aos prêmios do amor ou do poder.

Sabem que os amores partidos, embora seduzam oferecendo abraços e verdades totais, só entregam felicidades e verdades parciais. Estas mulheres não desejam ganhar uma competição afetiva, sabem que não precisam do melhor amor – o mais cobiçado, o mais divulgado ou o mais disputado –, mas do abraço feito sob medida, que as ajude a reconciliar seus diabinhos e anjinhos particulares entre si, e a ambos com elas mesmas. Chegam ao destino quando entendem quem são, de verdade. E entendem que não são – nem querem ser – uma negociação entre as duas formas de ser que definiam as identidades afetivas de suas mães contraditórias. Suas relações amorosas não são uma permanente sutura dos afetos despedaçados deixados pelas lutas pelo poder entre as partes litigantes. Não desejam a paixão nascida do medo de perder o amado; desejam a alegria produzida pela certeza do reconhecimento mútuo.

As sincréticas afetivas que se dão ao trabalho de entender a si mesmas e explicar-se aos outros sabem que não são o resultado de uma mistura ou de uma negociação entre afetos contraditórios. Não é esse também o amor que desejam. Aceitam ser estranhas, mas não aceitam ser consideradas doentes. Sabem-se paradoxais, mas evitam ser contraditórias. Reconhecem que são exigentes, mas se negam a ser consideradas insaciáveis. Defendem seus múltiplos interesses afetivos porque sabem de sua riqueza e acreditam que poderão satisfazer alguns de seus desejos que parecem ambíguos e dispersos porque intuem que são multifacetados e diversificados.

Estas mulheres sabem que sentem de uma maneira diferente, não só de suas mães, mas também de 98% de seus parceiros – como dizia Laurie –, e, no entanto, não desejam esconder nem quem são nem como sentem. Querem pertencer a suas comunidades afetivas sem dissimulações, fragmentações ou negociações empobrecedoras. Para se fazer entender assim como são, estão dispostas a enfrentar o paciente trabalho de entender a si mesmas.

Nos afetos, como na vida, uma coisa existe quando é nomeada, quando se encontra a palavra precisa para evocá-la, quando deixa de ser apenas um "pulso que golpeia as trevas", como escreveu Celaya.

As mulheres da idade de minhas filhas deixam de navegar entre as duas margens afetivas das ideologias amorosas contraditórias quando conseguem inventar, criar, descobrir ou encontrar novas maneiras de nomear suas necessidades afetivas. Quando podem expressar, sem medo nem raiva, seus afetos. Quando conseguem rir e se apiedar de si mesmas, de suas mães e de seus parceiros, quando compartilham com eles um abraço sincero, transparente.

É que as sincréticas afetivas não querem admirar nem ser admiradas: querem um amor baseado no respeito mútuo. Não pedem nem oferecem um amor obrigatório ou um abraço asfixiante; tampouco propõem um volta ao amor tradicional do passado, de mulheres economicamente submissas ao poder patriarcal. Não estão dispostas a se comportar (nem esperam isso de suas mães ou de seus parceiros de relação amorosa) como pessoas apenas boas, obedientes, dependentes, sempre dispostas a fazer o que o outro queira. Não suportam a idéia de se casar para o resto dos dias com pessoas que amam se isso significar repetir gestos amorosos rotineiros por obrigação, por medo de recriminações e de castigos, ou por submissão a uma moral imposta. São suficientemente independentes para não precisar da presença constante (e às vezes pesada) da pessoa amada. Mas tampouco querem se comportar (nem esperam que suas mães ou seus companheiros o façam) como pessoas apenas fortes, rebeldes, limitadas a seus próprios desejos. Não querem ser prisioneiras do afeto padronizado, mas tampouco querem ser nômades à caça de um afeto escorregadio.

Ao contrário do que acontecia com suas mães e ainda acontece com seus parceiros, as sincréticas afetivas não se debatem entre se submeter ou rejeitar o lastro dos afetos familiares: querem se casar para toda a vida com as pessoas que amam e poder escolher, livre e totalmente, cada gesto cotidiano de afeto. São suficientemente dependentes para precisar da presença incondicional (mas não ilimitada) da pessoa amada. Para estas mulheres, as coreografias amorosas não obedecem a obrigações prefixadas ou imutáveis. Mas tampouco a ordens irresponsáveis, imprevisíveis ou arbitrárias determinadas por impulsos afetivos incontroláveis. Estas mulheres descobrem que se emaranharam e ficaram enredadas em labirintos afetivos quando tentaram evitar as contradições afetivas sofridas por suas mães e por muitas de suas companheiras. Ali encerradas, muitas vezes encapsuladas e escondidas, descobrem que as chaves de suas estranhas maneiras de amar não estão nem em um nem em outro de seus amores partidos, mas nos interstícios existentes entre ambos.

1. Entre a dependência e a independência, descobrem a autonomia afetiva
Algumas descobrem que autonomia – "a condição de acatar somente as próprias leis e tomar decisões por conta própria", segundo o dicionário – lhes permite ser dependentes e independentes ao mesmo tempo. No caminho dessa descoberta, dão novo significado aos dois termos.

Nas relações de dependência, tantos os méritos como as culpas são sempre patrimônio do outro: é mérito ou culpa da mãe se o bebê engorda ou não. Nas relações de independência, tantos os méritos como as culpas são sempre patrimônio próprio: é mérito ou culpa do bebê se engorda ou não. Nas relações de autonomia, os méritos e as culpas são divididos proporcionalmente: o bebê engorda ou não graças a uma complexa relação entre ele e a mãe.

É possível que o bebê engorde em função do círculo virtuoso criado por uma combinação de méritos: o bebê quer e pode se alimentar, e a mãe quer e pode alimentá-lo. Ou é possível que não engorde em virtude do círculo vicioso provocado por uma combinação de culpas: o bebê não quer ou não pode se alimentar, e a mãe não quer ou não pode alimentá-lo. Se o leite é abundante, mas o bebê não suga, não engordará. Se o leite é escasso, o bebê não engordará mesmo que sugue com veemência. Se a mãe e o bebê articularem suas capacidades e necessidades, acabarão encontrando uma forma pela qual o leite chegará a seu destino, para satisfação de ambos; se não se relacionarem como organismos autônomos interdependentes, inevitavelmente um deles sempre ficará insatisfeito.

Às vezes, as mulheres que procuram a autonomia desde pequenas acreditam que se não são amadas pelas mães é porque não são amáveis; outras, porque as mães não sabem amar. Mas quando saem dos paradigmas dicotômicos que dividem o mundo em vítimas dependentes ou algozes independentes, descobrem que não se sentem amadas nem amorosas porque elas e suas mães estão presas em uma relação negativa criada por ambas ou por uma instância superior a elas. Percebem que as duas são vítimas e algozes ao mesmo tempo, e no livre exercício de sua autonomia tentam se liberar dessa dependência negativa. Quando conseguem, também liberam suas mães do papel de algozes vítimas.

Rejeitam as relações afetivas que exigem obediência devida e privilegiam as que requerem responsabilidade pela própria vida. Não desejam uma independência que as exponha à solidão ou à falta de inclusão afetiva, mas tampouco uma dependência que as exponha à submissão ou a violentas confrontações com aqueles que amam. Afirmam que não amam as mães porque precisem delas (como delas precisam as filhas ou os filhos fracos), mas que precisam delas porque as amam. Escolhem depender porque sabem que são independentes. Decidem livremente o quê, quanto e como dependem de suas mães. Podem dizer não quando querem: isso lhes permite dizer sim quando querem. Pelo fato de se sentirem fortes no plano afetivo, podem ser boas ali.

Essas mulheres sabem que as relações afetivas em que os seres independentes escolhem depender um do outro só se constroem sobre a base de uma autonomia consensual e compartilhada. Uma delas costumava dizer a sua mãe: "Posso dormir sozinha, mas prefiro que você me faça carinho até que eu adormeça". Assim a mãe aprendeu a acariciá-la pelo puro prazer do amor gratuito e a não chamar a filha caprichosa de diferente. Durante a adolescência, essa mesma mulher privilegiou sua vontade de não aumentar a angústia da mãe, que atravessava um momento difícil, e deixou de lado seu desejo de escalar com seus amigos uma montanha perigosa. Se fosse dependente, teria ficado em casa, irritada com sua mãe asfixiante; se fosse independente, teria saído, e se sentido culpada por ter abandonado a mãe. Mas sendo autônoma, sabia que era forte e podia assumir suas vontades pessoais, o que lhe permitia ficar porque era boa e decidira fazê-lo, não por submissão às manipulações emocionais de sua mãe. Em suas relações com os homens, estas mulheres procuram construir um amor compartilhado, cuja base se assenta na decisão consensual de que um deve depender do outro, uma decisão tomada por dois seres autônomos, de maneira independente.

2. *Entre a fusão e a individuação, descobrem o diálogo*

Desde pequenas, algumas dessas mulheres souberam que a felicidade estática do silêncio onde se escuta uma única voz não lhes importa. Para elas, o amor consiste em uma relação recíproca e constante de aprendizagem mútua entre seres: o eu, o você e o nós são conjugados em um diálogo amoroso.

Sabem que a realidade não é completamente "como mamãe diz", mas tampouco como elas dizem: sabem que a realidade é vista de maneira diferente a partir do ponto de onde é olhada. Têm interesse em conhecer a realidade completa, aquela que integra o que se vê a partir de diversos olhares complementares. Também sabem que podem lutar, acusar e atacar até a vitória, até que reste uma única voz, defendendo suas perspectivas. Mas não têm interesse em vencer e impor suas vontades às mães; tampouco em perder e submeter-se à delas. Não querem o silêncio dos derrotados, mas tampouco o dos vencedores. Não se calam para acusar nem gritam para dominar, e tampouco querem que as mães o façam. Desejam dialogar com suas mães, escutá-las e ser escutadas por elas até chegar às coincidências mínimas de que ambas necessitam para dissentir sem que nenhuma delas seja ameaçada.

Não esperam de suas mães ou de seus parceiros um abraço total e completo que ofereça ou peça todas as respostas. Sabem que esse abraço condena ao monólogo, seja o da fusão afetiva ou o da individuação. Desejam dançar uma coreografia amorosa baseada no diálogo de quem se atreve a aprender com o outro, a incorporar outros pontos de vista e ver a realidade compartilhada a partir da perspectiva do ser amado. Um diálogo desses só se dá entre pessoas que compartilham o desejo de estar juntas e se abraçar mutuamente sabendo que o amor incondicional é aquele que reconhece e aceita as condições em que cada uma delas precisa ser amada.

Uma dessas mulheres recorda que, durante os longos anos em que se negou a comer, em conseqüência da morte de sua mãe, a avó materna deixava sempre a seu alcance vários pratos, sem lhe exigir que comesse nenhum. Sua maneira de manter o diálogo era fazer com que a avó soubesse que lhe era grata por esses cuidados, e o fazia comendo às escondidas, sem que ninguém – nem sequer ela mesma – percebesse que desejava viver, até que ficou em condições de chorar a dor pela morte da mãe morta nos braços da avó viva.

Atualmente, ela aceita que seu marido – um artista que precisa de solidão e silêncio durante seus períodos de criação – desapareça sem saber onde está. A única condição que impõe é a de que respeite com exatidão a hora de voltar para casa acertada previamente entre os dois. Ele compreende que diante de cada demora, mesmo que seja mínima, sua mulher revive o temor de perder um ser amado, como perdera a mãe na infância. A incondicionalidade entre ambos consiste no reconhecimento mútuo de suas necessidades individuais, acertadas consensualmente em um diálogo que lhes permite perceber, com exatidão e a qualquer momento, em que lugar cada um está no mapa amoroso do outro.

Estas mulheres só se sentem entendidas, reconfortadas e enriquecidas pelo abraço que reconhece, aceita e respeita certa distância entre elas e o ser amado. Desejam olhar e ser olhadas pelo ser amado, mas só desejam olhar e ser olhadas de uma distância que integre, ao mesmo tempo, o desejo de estar ao lado do ser amado sabendo que é uma pessoa separada dele.

Para elas, o amor consiste na entrega recíproca da intimidade individual por meio do diálogo, no trabalho de estabelecer um vínculo que lhes permita sentir com alívio a presença do ser amado *apesar* de – ou precisamente *porque* – saberem que cada ser humano existe sozinho. Para elas, a felicidade acontece quando se sentem tão dentro da pessoa amada que podem imaginar que formam um único ser com ela, algo que só pode acontecer se existirem fora da pessoa amada. Quando não há esse diálogo, se sentem abandonadas ou invadidas. Por isso praticam esse abraço único que tenta unir o que é separado, esse amor único que tenta transformar monólogos contraditórios em diálogos paradoxais.

As mulheres (e os homens) da geração de minhas filhas aprenderam com seus pais e com as sociedades nas quais cresceram que não se pode ser e não ser de determinada maneira ao mesmo tempo, que não se pode ter e não ter determinada qualidade ao mesmo tempo. No mundo dividido em que suas mães viveram existiam o poder ou o amor, a força ou a bondade, a vitória ou a derrota final. Aprenderam que, na contradição, um dos elementos faz, necessária e inevitavelmente, o outro desaparecer.

Mas algumas mulheres (e alguns homens) da geração de minhas filhas incorporaram a conjunção "e" a suas linguagens. Sabem que existem paradoxos na vida. Sabem que às vezes ser, pensar e sentir de determinada maneira se explica, se justifica ou se apóia na possibilidade de essa mesma pessoa ser, pensar e sentir de outra maneira, aparentemente oposta. Sabem que às vezes é preciso estar distante ou se colocar a certa distância da pessoa amada para poder estar perto e abraçá-la com exatidão, e que só podem ser boas e capazes de ouvir o outro porque são fortes e capazes de se fazer ouvir pelo outro.

3. *Entre o previsível e o imprevisto, descobrem a criatividade*

Para estas mulheres, a habilidade de encontrar o extraordinário no ordinário apresenta desafios mais interessantes do que tentar quebrar a monotonia do conhecido por meio da excitação do desconhecido. Deleita-as a magia que se repete todos os dias, como a possibilidade de convocá-la à vontade depois de um longo processo de treinamento, paciência e rigor na prática cotidiana. Sabem que a criação artística é uma estranha combinação de dez por cento de inspiração e noventa por cento de transpiração, de talento e trabalho, e atuam como artistas de suas próprias vidas afetivas. Conseguem assim desobedecer aos sentimentos convencionais prescritos pelos costumes daquelas que se sentem definida e definitivamente boas ou más ou fortes ou fracas, e também evitam definições opostas que as levariam a se comportar como marginais, rebeldes ou contestadoras nos afetos.

Desde pequenas têm mais prazer em inventar seus próprios rituais afetivos do que em repetir os alheios, mesmo quando se trata do último grito da moda nas práticas amorosas. Uma destas mulheres levava sua mãe ao desespero porque rejeitava os presentes extravagantes com que tentava conquistá-la e preferia brincar com botões velhos da avó ou com uma simples caixa de lápis de cor que seu pai lhe dera. Além disso, lhe dizia que não queria se parecer com ela, a quem criticava porque não sabia se divertir a não ser com entretenimentos preestabelecidos por outros. Hoje esta mulher se orgulha de viver em um estado de fascínio mútuo com o homem com quem constituiu um casal há mais de dez anos.

Resistem a consumir novidades e a cair fascinadas pelos contatos esporádicos do amor livre e imprevisível e também resistem a repetir as rotinas imutáveis do amor burocrático, cheio de regras. Percebem que os dois sistemas propõem liberá-las de responsabilidades afetivas e rejeitam as duas soluções: não estão dispostas a permitir que o deslumbramento da paixão ou o peso do hábito reja seus sentimentos. A novidade inerente à mudança constante de companheiro de dança condena ao nomadismo, à solidão e à inadaptação afetiva: impede que o amor vá além do momento do nascimento, se desenvolva e frutifique. Mas a repetição de gestos inerente à estabilidade amorosa condena à imobilidade, à petrificação dos sentimentos, à rigidez afetiva: impede que o amor se transforme, se modifique e se ajuste às necessidades mutáveis das pessoas que formam o casal. Sabem que as estratégias que pretendem deter a passagem do tempo e conservar o amor em estado de frescor estão destinadas ao fracasso. Mais ambiciosas do que suas mães ou alguns de seus parceiros de geração, estas mulheres procuram o amor que se mantém porque muda e que muda para se manter.

Quando pequenas, demonstravam à família que podiam recuperar, como se fossem criações artísticas inovadoras, rituais familiares caídos em desuso que eram rejeitados ou ignorados por suas mães. Ao mesmo tempo em que se negavam a participar de compromissos sociais que consideravam hipócritas, exigiam que encontros íntimos entre as diversas pessoas da família fossem respeitados. Adultas, resistem a navegar entre o tédio e o perigo, e procuram uma relação amorosa mais excitante, exigente e desafiadora do que as convencionais, mas também mais segura, confiável e tranqüilizadora do que as marginais. Garantem a estabilidade – não a cristalização – de uma relação e a renovam – sem arriscá-la – constantemente. Aprendem a erotizar a ternura: pregam a epifania do encontro e o êxtase da descoberta amorosa na vida diária, com o homem conhecido e nos lugares habituais.

4. Entre a cortesia e a franqueza, descobrem o respeito

Desejam ser boas, carinhosas e viver uma vida amável; desejam ser fortes, honestas e viver uma vida verdadeira. Resolver essas contradições é o desafio mais importante enfrentado por essas mulheres.

Aprenderam desde pequenas a se defender, a defender suas idéias, seus desejos e espaços vitais. Uma delas ainda hoje se assusta com ela mesma quando recorda que na adolescência gritou para sua mãe: "Se você se interpuser entre minha vida, eu mato você". O medo de desaparecer se fizerem o que o outro quer é tão grande como o medo de se sentir egoístas e intransigentes – ou seja, más – se fizerem o que querem. Anos mais tarde, essa mesma filha reconhecia: "Sofrendo, aprendi o mal que me fazia usar mamãe para lutar com meus próprios fantasmas." Desde pequenas dançam com suas mães uma coreografia amorosa contraditória, que vai da submissão à violência, da raiva à culpa, do ódio a suas mães ao ódio a elas mesmas.

Reagem defensivamente a qualquer comentário que lhes pareça crítico, adverso ou autoritário. Como se não tivessem capacidade de decidir, a primeira resposta que lhes ocorre, espontaneamente e sem pensar, é *não*. Mas nem sempre querem rejeitar as propostas de suas mães ou parceiros. Às vezes desejam dizer *sim* e receber nos braços as decisões e os cuidados de quem as ama. Talvez suas mães e as sociedades em que cresceram incentivaram-nas tanto a ser fortes que as condenaram a sê-lo para sempre. Mas a transformação das contradições e confusões em paradoxos e complexidades lhes permite exercer uma nova maneira de sentir. Estas mulheres aprendem que, para se curar do vício do combate, da atitude defensiva permanente, precisam respeitar a si mesmas, levar em conta suas fraquezas, ouvir seus vários sentimentos, desejos e necessidades, e não só aqueles que as impulsionam a ser fortes.

Parecem ter nascido eficientes, capazes de se ajeitar sozinhas, sem ajuda nem hesitações. Suas mães se acostumaram a não lhes dar muita atenção: aquelas filhas pareciam não precisar delas; ao contrário, resolviam seus próprios problemas melhor do que ninguém. Elas mesmas se acostumaram a não precisar de suas mães para viver. No entanto, isso não evitava que precisassem de seu amor. Como compreender que a filha que ameaçava matar a mãe para não ouvir seus conselhos se desesperava para receber seu abraço? Nem a mãe nem ela entendiam que precisava de um simples gesto de afeto materno, não uma demonstração de excelência pedagógica. Nem a mãe nem ela entendiam que exercer o direito de viver na verdade e nada mais do que na verdade não queria dizer que não necessitasse de ternura, piedade e compaixão para conseguir tolerar a dor intermitente dessa forma de vida.

Algumas mulheres aprendem a ouvir, reconhecer e respeitar seus medos, suas dores, suas angústias, sua necessidade de ternura e afeto. O respeito por si mesmas lhes permite respeitar o outro. Praticam ternuras que não se baseiam no sentimento de pena e discussões, que não se alicerçam na luta, pois para elas os atos amáveis não nascem da debilidade nem o debate representa uma demonstração de força ou uma competição.

Paula me pedia que a acariciasse diante da televisão simplesmente porque queria ternura. Custou-me entender que não era fraca por pedir. Anos depois, aprendi que só porque era muito forte podia me dizer honestamente que, apesar de não gostar da minha maneira de amá-la, precisava do meu amor.

Ela e outras como ela superaram as contradições afetivas que aprenderam com suas mães e são respeitosas em seus relacionamentos amorosos. São gentis e honestas ao mesmo tempo, e exigem reciprocidade de seus companheiros.

5. *Entre o relaxamento e a exaltação, descobrem a ansiedade de aprender*

O processo de aprendizagem começa com uma vertigem, quando o fulgor da novidade prende a atenção, e continua em ritmo pausado ao se familiarizar com o desconhecido. Estas mulheres compartilham um entusiasmo exuberante quando enfrentam as novidades de todo tipo que descobrem a cada instante, mas também têm em comum a tenacidade necessária para desentranhar os enigmas do desconhecido, conhecê-los e se apropriar de suas riquezas. São curiosas e por isso suas mentes precisam – como afirma uma delas – de "um alimento novo a cada dia"; são exigentes, e por isso não se conformam em engoli-lo e expulsá-lo em um ato de consumo compulsivo: desejam saboreá-lo, metabolizá-lo, descartar o que não lhes convém e ficar com os nutrientes. Querem poder reproduzir esse alimento quando lhes apetecer, evitar a tentação de devorá-lo todo de uma só vez e perdê-lo no mesmo instante. Compartilham o entusiasmo de se alimentar de novidades e a tenacidade para domar a impaciência que entorpece seu processamento.

Quando pequenas, criticavam suas mães porque se conformavam com menos do que o excelente. Eu fui uma dessas mães que eram criticadas porque queriam saber sem se dar ao esforço de aprender.

Quando comemoramos os 15 anos de Natasha, acabávamos de nos instalar em Buenos Aires, mas vínhamos impregnadas dos rituais das festas brasileiras que incorporamos durante os dez anos em que vivemos no Rio de Janeiro. Preparamos com enorme cuidado as comidas de aniversário cariocas, enfeitamos a casa e escolhemos a música, os brinquedos e os presentes que entregaríamos no final da festa. Então começamos a esperar os convidados. Foi uma longa espera. Só apareceram, depois da meia-noite, três dos quarenta colegas de colégio, que foram embora em seguida. Eu chorava humilhada, sentindo-me fracassada, assustada. Natasha, apesar de sua própria angústia, me consolava dizendo que meus critérios de avaliação eram falhos, que aquele fracasso servia para entender que não conhecíamos os códigos sociais de Buenos Aires. Manteve a tranqüilidade necessária para aprender e desenvolveu uma eficiente adaptação de seus rituais aos hábitos do meio. Hoje organiza festas concorridas em qualquer cidade do mundo onde se instale por alguns meses.

Foi na mesma época que, depois de ter passado em uma matéria, me desconcertou pedindo para ter aulas com um professor particular que a ensinasse. Declarava que sabia "para o exame", mas ignorava *o que* sabia: entender lhe parecia mais importante do que ter sido aprovada no exame. Não lhe bastava a legitimidade outorgada pela avaliação positiva de um professor, o que a mim parecia mais do que suficiente. Também queria ela mesma se aprovar. Não lhe bastava ser para os outros: precisava também ser para ela.

Hoje mulheres como Natasha sabem que correm o risco de confundir entusiasmo com voracidade e paciência com lerdeza. Sabem que devem estar sempre em estado de alerta para não acusar seus companheiros de relação de ser muito tranqüilos e para não permitir ser acusadas por eles de muito ansiosas. Mas também sabem que querem encontrar um abraço que lhes permita ter a curiosidade e a tranqüilidade necessárias para transformar o gosto pelas novidades em aprendizagem duradoura.

6. *Entre a atenção aos demais e a atenção a si mesmas, descobrem a justiça*

Estas mulheres sofrem quando são acusadas, injustamente, de egoístas. Elas procuram a verdade afetiva e encontram a generosidade arbitrária, tão perigosa como a manipulação calculada. Acreditam que nenhuma destas atitudes leva em conta o outro, nem se baseia no respeito às necessidades, aos desejos e às possibilidades das duas pessoas envolvidas na transação. Em síntese, acreditam que a generosidade arbitrária e a manipulação calculada não são atos de amor e sim de poder.

Uma mulher conta que, quando pequena, sua mãe a recriminava porque não dividia seus chocolates com o irmão. Ela não conseguia fazê-la entender que não era má, mesquinha ou egoísta por ter conservado os chocolates por mais tempo do que seu irmão. Ao contrário, lhe parecia injusto que ela tivesse de pagar com seus chocolates pela ineficiência, voracidade ou distração de seu irmão. Reconhecia que a cena de saboreá-los sozinha parecia feia, desagradável e até violenta, mas não entendia por que sua mãe não percebia que obrigá-la a "alimentar um zangão" – entregar seus chocolates ao irmão invejoso incapaz de prever e prover a si mesmo – era igualmente feio, desagradável e violento para ela. Como sair daquela situação? Como criar outras, nas quais se possa compartilhar a riqueza? Qual é a situação que permite a ambos os participantes da transação afetiva agir com generosidade?

Algumas destas mulheres acham que uma implacável contabilidade amorosa ajuda a criar uma situação de generosidade reciprocamente conveniente.

"María Dolores tem toda a razão da María Dolores, não toda a razão do mundo." Natasha tinha 6 anos quando defendia seu ponto de vista, e rebatia o meu com a mesma força com que eu tentava lhe explicar que havia se comportado muito mal com sua amiguinha. Eu sustentava que María Dolores tinha "toda a razão do mundo" em estar irritada com ela, que insistia que cada uma "tinha sua razão" para estar irritada com a outra, e questionava assim meus critérios de justiça. Não queria dever ou dar menos, mas tampouco queria que lhe devessem ou receber menos. Gostava de compartilhar seus brinquedos com a amiga, porque isso lhe permitia descobrir e aprender novas formas de brincar, mas se negava a aceitar que a amiga não estivesse disposta a fazer o mesmo com os dela. Custava-me evitar o "não seja má" que saía da minha boca, um eco do comportamento do "seja boa" de minha mãe que eu ouvira tantas vezes quando tinha a idade da minha filha.

Mas se o "ser boa" de minha mãe havia me estimulado a me mostrar mais amável, e fizera crescer essa qualidade desejada em minha identidade, meu "não seja má" tentava instigar minha filha a se mostrar menos desagradável e fazia desaparecer de sua identidade essa qualidade temida. Minha mãe me dizia: "Seja a Susana generosa e boa e gostarei mais de você"; eu dizia a minha filha: "Seja menos a Natasha egoísta e má e eu gostarei mais de você."

Mas minha mãe também insistia: "Seja menos como a Susana fraca que não faz o que lhe convém e eu a admirarei mais." E eu por minha vez dizia: "Seja mais como a Natasha forte que faz o que lhe convém que eu a amarei mais." Algumas mulheres da minha geração amaram contraditoriamente porque não souberam desentranhar as confusões afetivas que lhes foram causadas pelas mensagens incoerentes de suas mães. Mas Natasha e outras como ela conseguiram essa façanha: transformaram as contradições afetivas em paradoxos. Aprenderam que só porque são afetivamente fortes podem ser afetivamente boas e procuram relações nas quais convenha aos dois participantes ser mutuamente generosos.

Seu desejo de serem generosas exclui o uso de armas de vítimas: a reclamação, a queixa, a acusação de abuso de poder. De maneira equivalente, seu desejo de manter relações afetivas convenientes exclui o uso de armas de algozes: a arbitrariedade, a ameaça, a desqualificação humilhante. Só as relações de reciprocidade afetiva lhes permitem parar de desconfiar ou de calcular, parar de se defender ou de atacar. Essa reciprocidade requer contabilidades impecáveis, que garantam relações de generosidade e conveniência e evitem que alguém se sinta roubado (de um lado) ou seja acusado de especulação (do outro). Também exige transparência nas ações: cada participante deve conhecer e fazer com que o outro conheça, com precisa impecabilidade, o que ganha e o que perde, o que arrisca e como se protege, o que oferece e o que pede em cada momento do intercâmbio.

7. *Entre o pragmatismo e o idealismo, descobrem a lucidez*

Quando não encontram a palavra correta para nomear seus sentimentos estranhos, as mulheres afetivamente fortes que querem ser boas se sentem torpes, quase monstruosas, em sua maneira de expressá-los. Sentem-se tolas quando dizem "te amo"; violentas quando dizem "não gosto de como você me ama"; ingênuas quando sugerem que "tentemos nos amar como precisamos"; céticas quando confirmam que "não nos amamos como precisamos". Mantêm-se em um limbo afetivo e mascaram seus sentimentos temendo sua excentricidade. Acreditam que não sabem amar nem se deixar amar.

Desde pequenas choram, riem, têm medo e são corajosas em momentos diferentes daqueles em que outras pessoas choram, riem, têm medo e são corajosas. Não foram meninas como a maioria. Em alguns aspectos, foram muito mais fáceis de ser educadas: se cuidaram sozinhas e suas mães não tiveram de se preocupar em controlar se faziam os deveres escolares, arrumavam seus quartos ou cuidavam de seus irmãos; e, em outros, muitos mais difíceis: nós, as mães, não conseguimos entender seus pedidos ou demonstrações de afeto porque nos pareciam incongruentes com suas capacidades intelectuais. Às vezes pareciam adultas; em outras, bebês de colo.

Por não entendê-las, muitas vezes rejeitamos o abraço que nos entregavam ou não lhes demos o que nos pediam. Nós as criticamos tentando modelá-las para que amassem como se supõe que é devido. Mas não entendemos que seus exotismos não obedecem a rebeldias emocionais, problemas de conduta, doenças afetivas ou falhas na aprendizagem: expressam uma maneira diferente de amar que, se não é compreendida, se transforma em angústia ou irritação, em sentimento de culpa ou agressões, em fria indiferença ou demanda exagerada.

Sabem desde pequenas que a bondade no mundo do amor e a força no mundo do poder são qualidades finitas. Têm certeza de que a solidão é parte inevitável da existência humana, que até o abraço mais perfeito desaparece com a morte de algum dos seres que abraçamos. Aceitam – desde antes mesmo de chegar à linguagem conceitual – que a existência humana é finita, efêmera e limitada, e que depois do nascimento ninguém cabe completamente no abraço do outro.

Sabem desde pequenas que não há duas pessoas iguais: cada ser humano tem sua forma de ser, única e exclusiva, e por isso cada abraço tem seu próprio tamanho, cheiro, cor e textura. Admitem que as pessoas não pensem nem sintam exatamente da mesma maneira, e que tudo seja visto conforme a cor do cristal usado para olhar. Sabem que não é possível nunca entender o outro por completo, pois ninguém é igual a outro, ninguém fala outra linguagem afetiva a não ser a própria.

Nascem realistas, mas também idealistas: acreditam que o ser humano pode criar novas realidades, construir pontes que unam o que está separado, cobrir distâncias incomensuráveis motivado por seu desejo de ampliar horizontes, ver mais além da paisagem que permite uma única perspectiva. Uma delas recorda uma cena de amor que a marcou ao iluminar esses dois aspectos de si mesma: "Todas as noites, meu avô me fazia dormir me contando histórias Uma vez não estava conseguindo conciliar o sono e lhe pedi que contasse mais histórias, e mais, e mais, até que meu avô abriu a boca como se fosse começar outra história, mas ficou em silêncio e riu. Percebi que não lhe ocorria nada. Não me senti frustrada ou irritada, não comecei a chorar: eu também ri e fui inundada por uma emoção de amor. Nunca sentira uma conexão tão intensa em minha vida. Nunca me sentira tão amada como naquele dia por meu avô, que me dizia, ao mesmo tempo, que queria me satisfazer e que não podia. Se algum homem me fizer sentir um amor desses, serei sua para sempre."

O dicionário chama de lúcida a "pessoa que faz as coisas com clareza, graça, liberalidade e elegância". Assim se comportam algumas mulheres durante a tarefa de transformar seus ideais amorosos em realidades. Sua lucidez junta suas maneiras de ser, ao mesmo tempo, idealistas e realistas, românticas e pragmáticas. Quando sentem e pensam, estas mulheres se animam a se lançar na criação de um vínculo complexo e paradoxal, mas também coerente e compreensível: o amor compartilhado.

Robert Arlt acrescentou em sua resposta àquele leitor da década de 1920 que queria saber como devia viver para ser feliz: "E, de repente, descobrirá uma coisa que não é felicidade, mas se equivale a ela: a emoção. A terrível emoção de arriscar a pele e a felicidade. Não nas cartas, mas convertendo a si mesmo em uma espécie de emocionada carta humana que procura a felicidade mediante as combinações mais extraordinárias, mais inesperadas... Veja, amigo: torne-se uma base de sinceridade e, sobre esta corda bamba ou tensa, cruze o abismo da vida, com sua verdade na mão, e acabará triunfando. Não há ninguém, absolutamente ninguém, que possa fazê-lo cair. E até os que hoje lhe atiram pedras se aproximarão amanhã de você sorrindo timidamente. Acredite, amigo: um homem sincero é tão forte que só ele pode rir e se apiedar de tudo".

11. O abraço exato

Em uma entrevista, a atriz Diane Lane revelou seu espanto diante da combinação de intensidade e naturalidade do tango, tal como o viu ser dançado em Buenos Aires. "O tango é tão dramático e os bailarinos se sentem tão cômodos... Não há esforço. É uma coisa extraordinária. É como assistir a uma corrida de touros sem que o animal morra no final". Lane acrescenta que não tentou dançar tango porque nele é necessário "saber não ficar para trás e antecipar os passos: a pessoa pode se machucar se não souber o que está fazendo".

Natasha e Carlos, seu esposo, sabem muito bem do que Lane fala. Por isso, embora suas vidas sejam repletas de compromissos profissionais, sociais, comunitários e familiares, suas noites de terça-feira em Toronto são sagradas: jamais faltam a uma aula de tango. Para eles, esta atividade não implica apenas desfrutar a música e o movimento; constitui, também, o modelo de amor compartilhado que desejam construir como casal. Estão tão empenhados em atingir a naturalidade em uma dança tão dramática, a movimentar-se brilhantemente sem machucar o outro, a se encontrar no espaço comum dos passos, como o estão em aprender a não se machucar mutuamente dançando a coreografia amorosa que sustenta o abraço exato.

A coreografia amorosa deste abraço possui, para as mulheres que são fortes e boas, toda a tensão de uma "tourada" difícil e definitiva. Mas essa tensão pode ser desfrutável e prazerosa, tanto para os espectadores como para os protagonistas. Bem dançada, essa tourada amorosa termina bem: os bailarinos não se matam entre si. Ao contrário: os pares de um bom casal, cada um deles touro e toureiro, se olham, se acariciam e se pacificam mutuamente ali onde mais lhes dói, onde foram feridos por toureiros ou touros anteriores, muito vis ou muito sanguinários em suas ânsias amorosas.

Natasha e outras mulheres como ela – as afetivamente sincréticas que se deram ao trabalho e tiveram paciência para decodificar suas formas de sentir – já sabem que querem dançar uma coreografia amorosa tão intensa e – ao mesmo tempo e com a mesma intensidade – tão natural como o tango que espantou Lane.

Qual é o abraço que sacia sua fome de afeto? O abraço exato: o abraço que aplaca as angústias existenciais de cada pessoa em particular; aquele que diz, em uma linguagem que cada ser humano pode compreender, que é possível viver sabendo que a morte existe, compreendendo a totalidade da vida e percebendo seus limites. O abraço exato faz com que aqueles que sabem, inequivocamente, que todos somos sozinhos se sintam acompanhados. E, acima de tudo, o abraço exato é aquele que não teme os sentimentos paradoxais, os personagens multifacetados ou os complexos desejos que compõem o mundo dessas mulheres fortes e boas que estão aprendendo a traduzir suas linguagens às do mundo exterior. O abraço exato é aquele que, ao saber da beleza encerrada neles, ajuda-as a desenredar, entender e conjugar de forma inteligível seus desejos críticos.

O abraço exato não é o melhor para todo o mundo, mas o perfeito para elas. Algumas o encontram quando pequenas; outras, só depois de um árduo trabalho introspectivo, de uma dolorosa e extremamente longa sucessão de testes e erros: não existe um manual que possa ajudá-las a compreender e decifrar seus sincretismos afetivos, nem um mapa que lhes indique como chegar ao tesouro tão ansiado.

Agora, procuram um companheiro que entenda que o confronto entre pessoas que aceitam as diferenças celebra a vida, enquanto os conflitos entre pessoas que não as toleram levam à morte. Mas também sabem que quem aspira a dançar deste modo deve aprender a controlar a força estimulante presente nos desejos selvagens de seus diabinhos, ter o cuidado de não domesticá-los demais. Ao mesmo tempo, devem aprender a liberar a verdadeira bondade, sufocada pelas exasperadoras obrigações de seus anjinhos, e ter o cuidado de não torná-los indiferentes ou irresponsáveis.

Sabem também que devem executar sozinhas a primeira parte destas tarefas. Entendem que, antes de começar a praticar esta nova coreografia amorosa, precisam aprender a não se deixar levar pela raiva quando não são amadas como desejam, nem pela culpa quando não amam como acham que deveriam. É que o amor à verdade apresenta suas próprias dificuldades: se as bailarinas não estão suficientemente protegidas contra a desconfiança amorosa, podem se contagiar e amar adoecendo de ingenuidade e suspeitas. As sincréticas afetivas tendem a repetir suas reações históricas: escondem-se no limbo e se comportam como fracas ou más, mesmo quando não o são, sentem-se rejeitadas ou incompreendidas em suas expressões emocionais. Para que as feridas da incompreensão, da dúvida ou da solidão não sejam reabertas, estas mulheres precisam aprender a decifrar se os desencontros amorosos – inevitáveis durante o processo de aprendizagem deste amor – são causados por crueldade intencionais, mal-entendidos oriundos da falta de informação ou simples problemas de comunicação.

Para prevenir esta recaída, a aprendizagem permanente da dança dos amores confrontados requer um complemento: o de desaprender permanentemente os ensinamentos deixados pelos amores confrontados.

Quando chegam a este ponto, as sincréticas afetivas estão preparadas para se aventurar nas complexas coreografias do amor que é dançado a dois. Como o tango.

Um dos traços mais visíveis desta dança é que o protagonismo recai sobre o casal como tal. À diferença de outras danças de salão, o tango não segue apenas a música, mas desenvolve uma lógica própria, baseada menos em passos preestabelecidos e mais na improvisação.

Como observou Lane, no tango não é possível ficar atrás nem ignorar os movimentos futuros. Um dos integrantes do casal começa o passo e o outro o completa, o que tem como resultado uma seqüência de movimentos que é diferente da soma de suas partes. Cada um dos bailarinos sabe que pode dançar solos magníficos e também maravilhosas obras conjuntas. Por isso, querem algo mais difícil: se entusiasmam com o desafio de ver se também sabem dançar um amor a dois, ou uma dança perfeita de conexão com o companheiro, como a que se dá no tango.

"Nenhuma dança se opõe à dominação como o tango", diz Richard Martin em "El tango sempiterno", um ensaio que Simon Collier incluiu em sua compilação *Tango!*. Segundo Martin, o tango apresenta "uma nova expressão da coragem e da ternura masculinas e femininas". De modo equivalente, as pessoas fortes e boas que procuram construir uma relação amorosa que lhes entregue o abraço exato sabem que, nesta coreografia amorosa, o protagonismo não recai em um de seus integrantes e sim no casal. Este amor exige transformar a força competitiva, que ensina a ser e a ter o melhor de tudo em tudo, em uma força cooperativa que ensina a viver com excelência e constrói as complexas relações humanas como obras de arte preciosas e apreciadas.

Vamos imaginar como uma destas mulheres circula pelo território dos afetos.

Perambula sem pressa ou ansiedade: não espera chegar a nenhum lugar, mas ser ali onde está. Vê-se sozinha no meio da multidão de homens e mulheres que irradiam felicidade amorosa. Não os inveja: sabe que não é essa a alegria que deseja. Pensa mais no momento em que encontrará a sua.

Não teme ser marginal, cidadã de segunda, doente ou perdedora: não se esconde mais entre os amores partidos nem se refugia em amores inconvenientes. Suas maneiras de amar conseguiram sair do limbo. Assim como o tango passou da margem ao salão, ela começou a praticar o abraço exato nos arrabaldes proibidos aos amores inconvenientes. Superada a contradição dos amores partidos, está em condições de almejar que sua maneira de amar freqüente o ambiente das famílias burguesas.

Sabe, finalmente, que é uma pessoa difícil de ser entendida e que, além do mais, precisa de um amor difícil de explicar. Sente-se, finalmente, confortável em sua própria pele: aprendeu que suas complexidades afetivas podem ser explicadas pela imensa quantidade de matizes de seus sentimentos. Depois de um longo, doloroso e minucioso trabalho de deciframento de seus afetos, entende a si mesma e gosta de si assim como é. Não procura mais um homem que a salve de suas angústias existenciais, mas um que compartilhe com ela uma maneira de ver o mundo. Sabe que o amor que ambiciona "jamais pode ser encontrado através da procura, mas que só quem procura pode encontrá-lo", como diz um provérbio sufi.

Inesperadamente, seu olhar cruza com o de um homem que parece interessado nela. "Quando perceber que sou estranha, parará de me olhar?", se pergunta, observando-o com simétrico interesse e cautelosa curiosidade. Mas ele não pára de olhá-la, e ela continua observando-o e quando os dois confirmam seu interesse mútuo, se aproximam lentamente, dissimuladamente, evitando interferências alheias que possam quebrar a magia daquela cumplicidade nascente.

Paremos a cena por um instante. Quem é o homem que a reconhece? Como é o homem que não dirige seu olhar a outras mulheres menos estranhas? Na maioria dos casos em que este encontro acontece e se mantém, trata-se de outro sincrético afetivo, alguém que também observa a vida com visão binocular. Alguém que, como ela, pensa e sente ao mesmo tempo. Alguém que precisa da liberdade que se afirma na individualidade e da segurança outorgada por um pertencimento familiar firme. Alguém que nunca se entrega por completo e sempre confia por inteiro. Alguém que sabe da morte e celebra a vida. Alguém que conhece a incompletude e acredita na exatidão do abraço amoroso. Alguém que, como ela, é ao mesmo tempo forte e bom no território dos afetos.

Mas, ao contrário do que fez sua companheira de parceria amorosa, este homem se dedicou desde pequeno a tentar não parecer estranho. Quis tanto receber os abraços da família e da sociedade que parece ter se encaixado perfeitamente neles. Talvez tivesse descoberto muito cedo que o encaixe não era tão perfeito e a adaptação apenas uma fachada: por dentro, no limbo que só ele percebe como uma parte importante de si mesmo, se sente inadaptado, desencaixado, tão estranho como sua parceira estranha. Ou talvez só intua o desencaixe: talvez tenha feito tal esforço para passar despercebido e não ser castigado, perseguido ou desqualificado nos jogos amorosos entre seus parceiros, que nem ao menos suspeita que às vezes se comporta como mau e em outras como fraco, embora não se sinta nem uma coisa nem outra, por falta de convicção nas vantagens dos amores partidos.

Por essas diferenças, ele pode sentir medo daquela mulher que o atrai, mas que parece ter algo de louca. E ela pode sentir medo daquele homem que a atrai, mas que parece ter algo de abúlico. Quando conseguem superar essas barreiras, vêem que podem se aproximar sem temores. Melhor ainda: com o tempo descobrirão que ela não é uma desequilibrada, mas que usa melhor do que ele as energias que guarda no limbo, e que ele não é um ser típico do exterior, mas que usa melhor do que ela as conexões sociais estabilizadoras. Poderão, então, ganhar em dobro: ele, a possibilidade de voltar a se conectar com seu interior; ela, a possibilidade de voltar a se conectar com o mundo social.

Talvez entendam de imediato por que um se sente atraído pelo outro, talvez demorem a se reconhecer mutuamente. Em qualquer das hipóteses, quando seus olhares se cruzam intuem que podem encontrar ao lado do outro uma alegria pacífica. Que não é a mesma para os dois, mas equivalente: a dela se deverá ao fato de que poderá finalmente ser forte sem correr o risco de parecer má e pouco feminina; a dele, ao fato de que poderá finalmente ser bom sem correr o risco de parecer fraco e pouco masculino.

Em silêncio, concentrados em seus pensamentos e em suas emoções, os estranhos se preparam para a cerimônia ritual que tanto esperavam: abrir ao outro as portas de sua intimidade. Estão cada vez mais perto; chegou o momento de escolher como dançar. "Poderia não ligar para ela durante alguns dias", pensa ele. "Poderia lhe causar ciúmes com seu melhor amigo", pensa ela. Mas ambos descartam essas e outras estratégias semelhantes de conquista. Não têm interesse em vencer dessa maneira, não têm interesse em vencer o outro: "Ou me conhece como sou e gosta de mim ou esta história não me interessa", concordam.

Os dois procuram a mesma coisa: tentar dar e receber um abraço exato. Para dançar em casal, querem encontrar um companheiro que detecte a zona mais íntima de suas identidades afetivas – aquele mundo de emoções intrincadas que percebem com tanta ambivalência, às vezes como um tesouro e às vezes como um pecado –, aquelas que os fazem ser quem são: pessoas fortes, mas não más; boas, mas não fracas. Um companheiro que os ajude a continuar decifrando as complexidades de seu ser, que seja o parteiro de sua identidade afetiva. Feitas as pazes com seu mundo interno, os sincréticos afetivos precisam do olhar do outro, de um olhar que os ajude a continuar desemaranhando suas complexidades afetivas. Como Alice, que volta a se apaixonar por seu marido cada vez que ele a chama de "adoravelmente deslocada", porque ele foi o primeiro a lhe mostrar com esse apelido que ela era incomum por ser única e não por ser equivocada. Durante toda vida, os sincréticos afetivos ouviram acusações incompreensíveis: vivem em seu próprio mundo, são muito complicados. O abraço exato de outro sincrético afetivo lhes permite, finalmente, ouvir que seu complexo mundo próprio é uma coisa especial, desejável e necessária a alguém.

Por fim se encontram frente a frente e descobrem que, no amor compartilhado – como no tango –, ninguém é o espelho do outro. Se um move o pé esquerdo, o outro também moverá o pé esquerdo, não o direito, como acontece com a imagem especular. O tango é dançado com um leve abraço que permite compartilhar um eixo comum, constituído, por exemplo, pelas pernas direitas dos bailarinos, enquanto as esquerdas ficam livres para desenvolver movimentos independentes. À diferença de outras danças onde cada membro do par é a inversão do outro, no tango a linguagem pode ser simétrica, um equivalente simbólico que não pede igualdade, mas coordenação. Há um eixo comum para que o casal não perca o equilíbrio, mas também há os trilhos independentes onde cada bailarino pode improvisar.

É assim que, no primeiro passo desta coreografia de casal, se estabelecem com transparência as condições da dança. "Ou nos sustentamos mutuamente e coordenamos nossos movimentos ou não conseguiremos", se dizem estes bailarinos em seus olhares de reconhecimento. Mas essa simplicidade requer um grande trabalho prévio: primeiro, conhecer a si mesmo tanto para saber que tipo de amor se deseja e qual não se quer dançar (trabalho que parece desnecessário para quem prefere acreditar no poder do amor); depois, renunciar aos vícios aprendidos em abraços anteriores (intrigas, truques, armadilhas e artifícios afetivos que ela e ele empregaram com êxito no mundo do poder).

Sem este conhecimento e esta desaprendizagem, não é possível avaliar as prioridades, e nisto repousa uma das chaves do abraço exato. Aquelas mulheres descobriram que a completude que suas mães nunca conseguiram atingir e que converteram em premissas não existe. Ninguém poderá lhes oferecer todas as respostas a suas dúvidas, ninguém poderá salvá-las para sempre. Estas mulheres descobriram que a completude é possível, mas consiste em outra coisa: não é uma forma de totalidade; trata-se de priorizar com exatidão as necessidades afetivas e os desejos vitais. Alguém poderá lhes permitir que façam todas as perguntas, alguém poderá acompanhá-las para sempre nesse processo.

Andrés, um sociólogo francês da idade de minhas filhas que trabalha no mundo acadêmico, tenta explicar que deseja uma mulher que reconheça como seu semelhante: "A tentativa de resistir à tentação de jogar um jogo bem conhecido. Difícil se abstrair. Um jogo de caçadores, de jogadores: dois jogadores, dois caçadores. Bem difícil mudar as regras. Agora, outro jogo: um jogo de adultos, entre adultos, em um terreno bem diferente, em outra escala temporal, uma de tempo contínuo em lugar de estático. Um jogo a construir, um jogo profundo entre gente disposta a reconhecer-se entre si, a aventurar-se, a desnudar as almas, a experimentar viver a fundo. Um jogo maravilhoso, único. Difícil encontrar a contraparte. Muitos nunca a encontram. Encontram substitutos. Personagens semelhantes, mas sem gosto nem sabor".

Carolina, uma jovem italiana que se destaca no mundo da moda em Nova York, declina a oferta: "Nunca imaginei que poderia encontrar alguém como você. Você é tudo o que imaginei em um homem, e mais. Mas não posso ficar com você. Tenho interesse nesse amor, mas não com tanto esforço. Creio na leveza do ser".

Um profissional do tango se distingue de um principiante porque parece não fazer esforços. Sente-se cômodo, leve Desliza com seu parceiro pela pista como se fossem experientes trapezistas: etéreos, rápidos, invejavelmente confortáveis em suas difíceis piruetas. O aprendiz, por sua vez, precisa recorrer a gestos pesados. A mão dele perturba as costas dela, o braço dela pesa no ombro dele, ambos parecem se atropelar em passos sem graça.

Carolina tem razão: os primeiros momentos do amor que procura o abraço exato são trabalhosos, esforçados, lerdos. Os bailarinos estão menos preocupados em desfrutar a dança do que em acertar o passo e mostrar quanto cuidado e empenho estão dispostos a investir para aprender a amar com exatidão. Mas ao rejeitar Andrés por ser principiante, talvez ela tenha perdido a oportunidade única de ajudá-lo a se transformar em especialista. Andrés se desilude, mas também sai contente porque resgata o que é mais importante no fato de ter dominado este primeiro passo: pela primeira vez alguém entendeu que tipo de amor ele procura. "Mil países. Mil noites. Centenas de mulheres. Procurando sem parar, sem limites. Não existe a mulher que mima e se deixa mimar. A mulher fascinante que se deixa fascinar. A mulher sedutora que se deixa seduzir. A mulher inteligente que se deixa ensinar. Que voa e me faz voar. Devo admitir que essa mulher não existe. Mas existe sim: encontrei-a, toquei-a. Agora sei que existe o amor que eu quero. Agora sei que não devo deixar de procurá-lo. Ela não me entregou seu amor, mas me deu de presente a confiança em meu amor."

Por que essa relação não se manteve? Porque Carolina só pôde se entregar a ele e se sentir feminina na intimidade, longe dos olhares públicos. Mas considerou que aquele homem não era suficientemente masculino – não pertencia à classe social adequada, não se vestia, agia, falava nem pensava como um homem – para ser aceito por sua família e seu meio social.

A proposta de Andrés não encontrou eco em Carolina. Não conseguiram sair do limbo e inventar juntos uma nova maneira de ser. Mas os olhares que ambos cruzaram serviram para que entendessem melhor as respectivas dificuldades para amar e ser amados como desejam.

No tango o homem conduz e, se é um bom bailarino, cuida de não atrapalhar nem dominar a mulher. Ela completa o passo com simétrico protagonismo; é o máximo que pode fazer ao mesmo tempo em que se assegura de não avançar até receber uma indicação do homem, porque caso se adiante sem ele poderá perder o próprio equilíbrio. Antigamente o homem conduzia a dança para fazer sua mulher brilhar, em uma cena de grande machismo, mas atualmente o tango não sofre essas divisões de poder. A mulher não se apóia mais como um peso morto no centro móvel dos passos masculinos; muitos movimentos que o homem desprezava por serem femininos foram incorporados à sua coreografia.

De modo equivalente, o segundo passo desta nova coreografia amorosa consiste em reconhecer como podem se ajudar mutuamente a se mostrar ao mundo sem estratégias. Como são autodidatas, não dispõem de mapas e temem se confundir, não saber discriminar quando amam de uma maneira estranha e quando amam mal, quando sua estranheza é valiosa e quando é temível: quando conduzem e quando dominam, quando avançam e quando perdem o equilíbrio. Os sincréticos afetivos atravessaram sozinhos o longo processo que os levou a se aceitar como são e têm uma idéia bastante aproximada das complexidades que os fazem ser como são. Conhecem os paradoxos de seus diabinhos e anjinhos internos e, sobretudo, sabem que não querem renunciar a nenhuma das partes de que são formados.

O companheiro de dança que pode ajudá-los é aquele que funcione como mestre, aluno, público e diretor das novas, inusitadas, diferentes situações amorosas que querem protagonizar.

Precisam de um parceiro que os critique com força e rigor, mas que também os incentive com bondade. Precisam de uma testemunha rigorosa em sua imparcialidade e incondicional em seu interesse. Precisam de um sócio justo em sua capacidade de pensar e generoso em sua capacidade de sentir. Precisam do abraço exato.

Isso é pouco e muito ao mesmo tempo. É pouco porque, uma vez que contam com a crítica, o testemunho ou o apoio do outro para a apresentação de suas estranhas identidades diante do mundo, os sincréticos afetivos podem (e querem) levar a cabo a tarefa sem interferências alheias. E é muito porque para elas e eles é muito difícil encontrar um interlocutor confiável, alguém diante de quem possam se mostrar assim como são. Arriscam-se a confirmar o olhar de condenação que recebem desde pequenos: quando descobrem o temor nos olhos do outro, podem se sentir mais loucos, mais doentes ou piores do que antes; voltarão a temer a si próprios. Mas, se vencerem, conseguirão o que sempre desejaram: o abraço exato que lhes permitirá usufruir de sua estranheza.

Isto é impossível quando as necessidades amorosas não são recíprocas e reciprocamente atendidas. O espaço de interlocução que torna estas pessoas felizes é tão difícil de achar, tão gratuito e ao mesmo tempo tão imprescindível que, quando o encontram, sabem que merece o máximo cuidado ou, dizendo melhor, o único cuidado que um parceiro requer: a equivalência, dar ao outro a mesma compreensão das estranhezas que ele mesmo pede. Esta reciprocidade faz com que o abraço exato seja possível; um ajuda o outro a aplacar os medos do anjinho assustado diante da raiva do diabinho que há dentro de cada um. Olham-se, mutuamente, nos espelhos cruzados dos de sua classe.

"O estilo do tango leva ao entrelaçamento das pernas e faz com que os corpos se flexionem ao mesmo tempo; isto que requer uma simetria entre o bailarino que conduz e o parceiro que responde como se estivessem completamente unidos", acrescenta Martin em "El tango sempiterno". Por isso o tango é uma expressão feminina e, na mesma medida, masculina. "O abraço é eqüitativo", continua, "não subjuga a mulher, mas exterioriza a força de ambos no abraço; e quando os corpos se desenredam, o homem não é o dominante, mas o espelho da mulher." Esta noção vai muito mais além da reivindicação de improváveis igualdades e permite compreender que o amor compartilhado se baseia em contabilidades afetivas que procuram equivalências rigorosas e agudas. Os membros deste tipo de casal procuram a simetria e a equivalência, não a uniformidade. Quem segue quem? Com esta pergunta, os sincréticos chegam ao terceiro passo desta coreografia. Nenhuma pessoa é igual a outra, mas algumas mantêm entre si posições paralelas, simétricas ou eqüitativas. Se os bailarinos desejam colocar o mesmo pé no mesmo momento no mesmo lugar, ambos perderão o equilíbrio e cairão. Mesmo se não caírem, a dança perderá a graça, a elegância e a sensação de comodidade que emana da harmonia dos movimentos bem coordenados. Se pensarem que um deve dar exatamente a mesma coisa ao outro, não conseguirão dançar este tango. Lavar a mesma quantidade de pratos, contribuir com a mesma quantidade de dinheiro, dar a mesma quantidade de carícias ou dizer "te amo" a mesma quantidade de vezes talvez tenha como resultado um casal igualitário, mas também uma relação injusta e insatisfatória para os dois. Porque o ato de colocar no mesmo nível as necessidades, os desejos e as características pessoais dos dois bailarinos significa limitá-los, aprisioná-los e fazê-los se encaixar em um molde que lhes corta qualquer possibilidade de criatividade e espontaneidade. Aplanar as diferenças e negociar as relações até igualá-las desconsidera que nenhum ser humano é igual a outro e condena a uma vida entediada, monocórdia, pouco profunda. Os pactos entre pessoas que procuram relações justas numa tentativa de se transformar em seres iguais acabam empobrecendo e despertando ressentimentos em ambos.

Para aqueles que aprenderam a vencer usando o amor ao poder fica difícil entender que a dependência mutuamente escolhida é um gesto de autonomia e não de submissão, que a independência planejada em conjunto não é rebeldia nem abandono e sim liberdade, que duas pessoas podem fazer o que o outro quer enquanto fazem o que querem. Mas na geração de minhas filhas há quem compreenda isso. Se suas avós diziam *nós* quando queriam dizer *eu*, porque só existiam em um coletivo chamado família, suas mães romperam esse *nós* e resgataram o *eu*. No entanto, as sincréticas conseguiram muito mais: armar um *nós* dentro do *eu*. Não sentem o pânico de algumas mulheres contraditórias que se fundem no outro e temem desaparecer; ao contrário, incorporam o outro a suas necessidades, de maneira tal, que agir em benefício próprio é também fazê-lo em benefício do outro.

Um especialista em tango não exige que o outro se guie pelo que ele faz, mas sim pela música. As mulheres que são fortes e boas e os homens bons que não são fracos – mulheres e homens que se atraem entre si – compreendem esta maneira de construir uma relação. Sabem que, precisamente porque são igualmente fortes, podem ser igualmente bons.

Uma delas escreve a seu companheiro: "Depois de nossa última conversa telefônica, voltei a sentir a exultante sensação de extraordinária liberdade que só sinto com você. Você me libera. Leva-me a um lugar onde sinto que posso me expressar, dizer o que penso sem filtros, estratégias ou medos. Faz-me sentir mais eu do que nunca. Você poderá achar estranho que me conforme com tão pouco: só lhe peço que me abrace. Mas seu abraço é mais do que essencial para mim: permite que eu faça as pazes comigo mesma. Em seu abraço encontro minha casa. Conheci homens que me ofereceram segurança econômica e proteção para constituir uma família. Vários me ofereceram, inclusive, amor. Mas nenhum soube me dar a liberdade de ser quem sou. Por isso, entregar-me a você não é um sacrifício que faço por amá-lo; é um presente que me dou por amor a mim."

E ele responde: "Seu abraço também é essencial para mim. Com você sinto que estou vivendo idéias que me fascinavam: as teorias de Spinoza, que hoje redescobre a neurobiologia, mas que eu não sabia se eram exeqüíveis. Spinoza escreveu sobre a importância dos afetos na conduta racional, uma posição bem mais útil e realista do que a cartesiana adotada universalmente pela ciência: algo assim como agregar 'sinto, logo existo' ao 'penso, logo existo'. Fazê-lo levado por sua mão é um privilégio que me regala a vida."

O quarto passo desta coreografia requer desaprender o desejo de competir para triunfar sobre o outro e substituir essa noção pelo desejo de atingir a excelência superando-se a si mesmo. Não se trata mais de conquistar o outro, de quebrar sua vontade e fazê-lo aquiescer contra seus desejos; trata-se de assumir uma atitude de empatia, de incorporar os desejos e as necessidades do outro na relação que ambos procuram. Neste território afetivo não existem vencedores nem vencidos.

Vernon Castle, o grande maestro e bailarino do começo do século XX, escreveu que o tango é uma dança silenciosa "que permite à pessoa se concentrar na música e na letra", valorizando mais a beleza dos movimentos que a dos bailarinos. Este desvio da atenção dos bailarinos para além deles mesmos é importante: aqueles que dançam esta relação emocional não conversam entre eles, mas criam um coletivo que envolve ambos na beleza dos movimentos e do diálogo, incorporando, além do mais, esse conjunto em um maior, o da música e da letra. Saberão se dançam bem ou mal por meio do outro, quando fizerem um movimento equivocado e pisarem no seu pé, mas esse passo será correto ou incorreto em função da música, quer dizer, da ética da relação amorosa.

No tango, os bailarinos se sustentam mutuamente. Este apoio provém da manutenção do próprio eixo: na mulher, para indicar e seguir; no homem, para guiar e dirigir. Os perfis e os rostos dos bailarinos se sustentam mutuamente, como seus torsos, mas suas pernas e seus pés são livres para ir aonde desejarem. Assim cada um exercita seus movimentos solitários em companhia: se o outro não o apoiasse, nenhum poderia executar os oito, as tesouras, a sentadinha ou qualquer das quebras que fazem do tango uma dança tão rica. Cada um deles se concentra em si mesmo, ouvindo a música e adequando seu passo a ela para que o outro execute o próprio: o prazer está nesta conexão interior com a música condutora, nesta construção das particularidades da coreografia de cada par.

Nos amores compartilhados cada integrante do casal também funciona como o suporte necessário à expressão do outro. Essa coreografia é organizada sobre três pontos: em primeiro lugar, ambos compartilham uma maneira de entender o amor; em segundo lugar, se informam – com precisão minuciosa – sobre as variações de sentimentos, desejos e necessidades do outro; por último, confiam nas formas criativas e pessoais que cada um deles usará para expressar a mesma ideologia amorosa.

As coincidências em suas noções a respeito do amor começam na rejeição a tudo o que não querem: não acreditam que se trate de negociar o equilíbrio de poder entre eles; não procuram se exibir para o mundo em turnos; não procuram fazer sacrifícios ou gestos que compensem esses sacrifícios. Quietos ou em movimento, os dançarinos têm prazer quando o passo é executado com excelência, generosidade e exatidão. Os dois compartilham o protagonismo, pois a situação amorosa pertence ao casal formado por eles e não a um deles em particular. O prazer será de ambos; de ambos os aplausos, e de ambos a dor, em caso de fracasso ou de erro.

A informação mútua torna possível tanto o tango como o amor. No começo, a exigência da exatidão pode ser uma prática exasperadora: os bailarinos precisam se informar suas intenções com uma freqüência e uma preocupação com a nitidez quase obsessiva. A aprendizagem do tango é marcada por muitos gestos corporais, muitas pautas coreográficas; a do abraço exato, por muitas palavras, muitas pautas éticas. Aqueles que superam essa etapa transformam as pautas em hábitos que não precisam ser pensados: em gestos imperceptíveis por intermédio dos quais informam o que desejam, até onde querem ir, que movimentos precisam fazer. Exigem-se, em troca, um completo rigor intelectual e uma transparência absoluta em relação às intenções, de movimento no tango e afetivas no amor. Saber onde está o companheiro de dança permite a graça e a elegância, sem perturbações.

Costuma acontecer – no tango como no amor – que algum dos bailarinos não contenha o impulso quase atávico de tomar a iniciativa e começar ou terminar um movimento sem respeitar a coreografia prevista. Deixa-se levar pelos aplausos do público e, momentaneamente, esquece que não são apenas seus. Esquece que o virtuosismo só floresce na presença do companheiro; esquece que algumas excelências (como esta) são atingidas a dois ou não são atingidas. Mas só o abraço exato do companheiro pode ajudá-lo a diferenciar quando suas estranhezas são temíveis e quando são sublimes; quando convém renunciar a elas e quando convém cultivá-las; quando são reações defensivas e quando são formas de ser original.

Só quando as cabeças pensam em uníssono, os corações batem em uníssono e os bailarinos se mantêm mutuamente informados acerca de suas idéias e emoções é possível chegar a um movimento que coordene as duas liberdades e acompanhe a música desta nova coreografia amorosa. Como no tango, os pés e as pernas se movimentam em liberdade; não é necessário que os bailarinos se controlem o tempo todo, vigiem seus movimentos, espiem as intenções. Cada um sabe que o outro procura a própria excelência e perfeição; cada um sabe que esse anseio não se baseia no narcisismo, na competição ou na falta de sociabilidade. "Quem não quiser ser excelente, quem não creditar que merece tanto, ou não se atreva a tanto, não ama suficientemente a si mesmo", diz o filósofo espanhol Fernando Savater. E – pode-se acrescentar – não saberá amar o suficiente a um sincrético, uma pessoa difícil de abraçar com exatidão, difícil de abarcar e entender em sua desafiadora complexidade.

O quinto passo permite que os bailarinos desenvolvam seus interesses vitais. Como no tango, se os companheiros confiam um no outro, seus passos serão rápidos e ágeis. Cada um entra e sai dos lugares conhecidos e explora os desconhecidos; juntos improvisarão posturas inusitadas, brincarão e se divertirão. Conhecerão o prazer da liberdade compartilhada. Duas versões de uma dança, duas versões que marcarão o mesmo ritmo; dois passos que coincidem para formar um, a coordenação da diferença.

O abraço exato não promete a ausência de asperezas pressupostas pela igualdade nem a concordância absoluta, impossível de ser atingida quando se trata de dois seres humanos. Oferece, e também pede, a capacidade de resolver harmonicamente a tensão criada pelas diferenças de posições, pontos de vista e perspectivas de duas pessoas complexas que querem, simplesmente, amar e ser amadas. Esta coreografia não se baseia na igualdade mentirosa, mas na simetria verdadeira entre os membros do casal. Na vida, como no tango, os companheiros se olham, se encontram e se apóiam a partir de posições eqüidistantes ao eixo formado pela intercalação de seus dois seres.

Então, lentamente e com suavidade, saem da pista. Os bailarinos procuram a simetria: só quando o outro é igual em força e bondade, mas diferente na maneira de articular essas qualidades, é possível revelar a riqueza do intercâmbio de pensamentos, sentimentos e informações.

Conta Laura: "Embora passe a imagem de uma mulher forte, sempre me senti uma perdedora. Digamos que tenho uma espécie de vergonha social que me torna muito difícil sair ao mundo e competir. Talvez não se note, mas sinto que nunca escolho o caminho mais curto, que complico as coisas para mim. Por isso me parecia incompreensível que Nicolás quisesse ficar comigo. Tão incompreensível que literalmente não entendi por que me ligou na segunda vez em que saímos. Ele tinha quinhentas namoradas, era um cineasta reconhecido antes dos 25 anos, falava cinco idiomas... Mas não sabia ser na intimidade. Acho que cada um pode ensinar ao outro o que não conhece ou não consegue fazer. Atrai-nos precisamente aquilo que nos falta e o outro tem".

Os bailarinos se prometem se dedicar a uma criação conjunta. Acreditam que um amor compartilhado é mais do que a soma de suas partes e que sua beleza consiste em tornar claras suas características ímpares para se ajudar a resolver as tensões provocadas pelas necessidades afetivas em conflito dentro deles. Por outro lado, se esforçam para ser transparentes. Podem cometer erros, mas assumem a responsabilidade de tentar evitá-los, ao máximo. Do mesmo modo que a música guia os dançarinos de tango, a verdade guia estes novos homens e mulheres.

O sexto passo, além de exercitar o amor à verdade, coloca em diálogo as contradições dos bailarinos. Não existe uma fórmula-padrão nem um modelo: cada abraço é particular e concreto, pois se baseia nas paisagens infantis onde cada membro do casal cresceu. Embora os companheiros se sintam unidos em sua estranheza, os conflitos e as contradições diferem de pessoa a pessoa. Dependência e independência, fusão e individuação, estabilidade e novidade, previsibilidade e imprevisibilidade, cortesia e franqueza, pragmatismo e idealismo são tramados de um modo diferente por diferentes pessoas. Um pode ser forte no plano econômico, mas fraco no social; pode ser bom no plano emocional, mas mau no sexual. As variações dos diálogos internos dessas danças são infinitas.

Pode acontecer que duas pessoas pratiquem essa mesma nova ética amorosa e descubram que não são compatíveis para a vida cotidiana em casal. Aqueles que o são, se complementam; qualquer um pode dirigir, qualquer um pode seguir, aceitando em um momento, questionando em outro, sem deter a aprendizagem conjunta em que ambos se comprometeram. Ao fim e ao cabo, não há regras fixas.

Não negociam um equilíbrio de poder, não cedem territórios nem dividem as diferenças: não se conformam, resignadamente, a dançar no nível que um deles define sozinho. Seu compromisso compartilhado com a verdade os obriga a abandonar a dança, e a cuidar de si mesmos ao fazê-lo, se apesar de seus esforços forem incompatíveis.

Estas pessoas não procuram entender a si mesmas para se deleitar no solipsismo introspectivo; não se perdem olhando extasiadas sua própria imagem, como Narciso. Querem se entender para se lançar à travessia da vida mais bem preparados, para poder descobrir este mundo ameaçador e fascinante, em constante mutação. Para esta gente, o amor é uma saída tanto como uma entrada: um caminho para ingressar no mundo e também um caminho para se afastar.

Diz Alessandra – a advogada italiana que encontrou o abraço que ambicionava: "Nenhum dos dois tolera que o outro se imiscua em cada detalhe. Não entendo esses casaizinhos que fazem tudo juntos, como se não tivessem vida própria, como se temessem que o outro desaparecesse no caso de se afastarem por um minuto. Desde que faço uso da razão, sempre precisei ter um segredo. Não guardo uma carta na manga: preciso que confiem em mim sem me controlar. E meu marido precisa da mesma coisa.

Que eu não saiba o que faz cada minuto do dia não quer dizer que ele aproveite para fazer algo que possa ferir nós dois. Nossa relação é tão especial que não vale a pena banalizá-la com amantes, embora a liberdade que nos damos nos permitisse tê-los".

Alessandra e outras mulheres (e alguns homens) da geração de minhas filhas trouxeram para o território emocional algumas noções de responsabilidade nascidas no território profissional: avaliar a qualidade do trabalho e não o tempo ou o esforço dedicado a executá-lo; dar o melhor de si para o êxito da tarefa; exigir uma retribuição compatível com a excelência do profissional. Desejam viver dessa mesma maneira suas vidas afetivas: cumprindo sua parte do contrato amoroso. Não pedem nem oferecem um abraço total.

Aqueles que assinam este novo contrato sabem que não precisam estar de acordo em tudo; aceitam a discordância para manter a relação.

Os seis passos sincréticos vão até aqui. Ágeis depois de anos de trabalho duro, rompem as cadeias do pensamento dicotômico. Conformados depois de anos de duvidar de si, apagam a marca feita a fogo das opiniões conformistas. Assim a dança continua, enquanto os companheiros acertam seu contrato emocional, não de uma vez e para sempre, mas uma vez e outra e outra e outra mais, fluidamente. Guiados pela verdade, sem conquistar nem ser conquistados, estas filhas (e estes filhos) de mães contraditórias procuram chegar à leveza e à graça. Ao fazê-lo, ensinam a nós, suas mães, a amar.

Não sei bem o que aconteceu com meus consulentes depois que encontraram seus companheiros amorosos e se uniram a eles para criar seus respectivos abraços exatos. Transcorreu pouco tempo, dois ou três anos, desde que estas mulheres começaram a dançar ao ritmo do amor e da verdade. Esse breve período não é suficiente para avaliar as perspectivas de um projeto amoroso.

Não obstante, vale destacar que as primeiras experiências são animadoras e que algumas mulheres abandonaram meu consultório porque o conflito afetivo que as havia trazido encontrou um curso de solução. Nestes casos, confio que, nas crônicas amorosas, assim como na vida, a ausência de notícias é em si uma boa notícia: quando as pessoas complexas podem saborear a felicidade de perceber a si mesmas e perceber os outros sem temor, o fazem com completa dedicação à (absorvente, mas também gratificante) tarefa. Não lhes sobra tempo para testemunhar.

Agradecimentos detalhados

Alguns agradecimentos estão em estado de limbo. Salvo Natasha e Paula, com quem mantenho a mesma relação dentro e fora dele, denomino as pessoas que me ajudaram a entender a maneira de amar das sincréticas afetivas como as chamo privadamente. Estes nomes não correspondem à realidade externa, mas à interna, e me permitem respeitar a privacidade dessas pessoas.

Minha María Magdalena me ensinou que só são virtuosos aqueles que decidem não pecar podendo fazê-lo e não aqueles que não pecam porque nunca passou pela sua cabeça um pensamento pecaminoso. Também aprendi com ela que valente é aquele que enfrenta com cautela e determinação as situações que lhe provocam medo, não aquele que não teme.

Minha Deborah, a juíza, me ensinou que, em hebreu, quando se tira das palavras "homem" e "mulher" as duas letras que as diferenciam, surge a palavra "fogo". Também me ensinou que a combinação das duas letras retiradas forma uma das maneiras de se referir a Deus na tradição judaica. E que existem infinitas formas de reverenciar a verdade.

Minha Ruth, a moabita, me ensinou que, às vezes, é preciso não seguir ao pé da letra as ordens dos seres queridos para poder obedecer, completa e profundamente, a seu espírito. Também aprendi com ela, e com seu companheiro de navegação, que se levar muito a sério é tão perigoso como não se comprometer seriamente com os demais.

Minha Chapeuzinho Vermelho se perdeu na praia procurando pequenos caracóis, quando tinha 3 anos. Quando a mãe a recuperou cobriu-a de beijos e de palmadas, de gritos de amor e de medo; acusou-a de ser má por ter se perdido. Com essa filha aprendi que nós, as mães, quando nos sentimos culpadas por ter descuidado de nossas filhas, transferimos para elas a responsabilidade e as fazemos se sentir culpadas por ter se descuidado de nós. Também aprendi que, para não se perder, a solução não é renunciar à curiosidade e ao prazer de descobrir tesouros, mas garantir que a mãe (dentro dela própria) acompanhe a criança (dentro dela própria) e garanta que não se perca em suas excursões.

Minha Artemísia caçadora me ensinou que é melhor lutar por amor do que não lutar por indiferença. Também aprendi com ela, e sua filhinha, que a primeira relação que se estabelece – para o bem ou para o mal – é com a própria mãe. Este é o casal primário.

Minha Bela Adormecida me ensinou que é difícil abandonar o limbo, esse lugar confiável e seguro, quando não se conta no exterior com alguém que se dê ao trabalho de tentar entender a linguagem de quem está dentro.

Meu Don Quixote de la Mancha me ensinou que a ética marca o rumo de quem navega sem bússolas ou mapas. Também aprendi com ele, e com seu companheiro de navegação, que é necessário olhar duas vezes porque as aparências enganam: é possível parecer bom e ser mau; é possível ser bom e parecer mau.

Meu Hermes particular me ensinou que há amores que matam e separações que curam; há abraços e golpes que ressuscitam. Também aprendi com ele que o melhor é inimigo do bom.

Meu Confúncio privado me ensinou que a suavidade pode ser masculina ou feminina, e que a paciência é o prêmio que aqueles que aprendem a ter paciência recebem. Também aprendi com ele, e com sua companheira de navegação, que um bom negócio é aquele no qual todos ganham.

Meu bailarino empedernido me ensinou que o prazer e a dor de dançar um *pas-de-deux* estão inextricavelmente entrelaçados. Também aprendi com ele que não há prazer comparável a dançar com um companheiro igualmente interessado em atingir a maior perfeição possível para aquele casal.

Minhas duas estrelas fugazes, não relacionadas entre si, me ensinaram que as próprias intuições são uma extraordinária fonte de informação, sobretudo quando se aprende a diferenciá-las dos desejos intempestivos e dos impulsos incontroláveis.

Quando era pequena, Natasha insistia em fazer suas avós dançarem porque – lhes explicava – essa era a única forma de não murchar. E as avós rejuvenesciam dançando as coreografias que ela inventava. Com ela aprendi que, quando se sabe acompanhar o ritmo, se sabe ouvir, todas as danças são possíveis. Uma jovem mulher que ainda não aprendeu esta lição diz: "Quero ser um camaleão para parecer com uma gueixa, uma rainha, uma guerrilheira, uma prostituta, assim meu namorado não vai olhar para nenhuma outra." Com Natasha também aprendi que a verdade reside no contrário: quando se conhece à perfeição a linguagem da própria aldeia, torna-se possível entender todos os idiomas do mundo.

Com Natasha e Carlos aprendi que é necessário ser muito exato na maneira de expressar os afetos para não naufragar no abismo do casal. Eles me ensinaram que os casamentos sagrados são aqueles que unem o diferente, mas também separam o semelhante: o masculino e o feminino, os sentimentos e os pensamentos, o pessoal e o comunitário, o passado e o futuro, o íntimo e o social, a força e a bondade.

Paula me ensinou que aqueles que toleram o silêncio e a solidão das navegações sem rumo predeterminado também possuem a coragem de se equivocar no caminho da procura da verdade. A ela, também, minha mais profunda gratidão, porque me ajudou a me perdoar: insiste que se eu não tivesse aberto trilhas novas (como pude, com violência e aos golpes) no caminho da vida, ela não teria podido percorrê-las com a suavidade e a ternura que a caracterizam.

Na zona de tradução entre o limbo e o exterior, os meus agradecimentos vão para pessoas que chamo como se chamam.

Juan Manuel Obarrio, mestre e aluno, me ajudou a juntar pensamentos com sentimentos.

Marcela Goglio, Gene Liebel e Valeria Biagosh, colaboradores impagáveis, me deram de presente sua intimidade.

Saumya Ramarao, filha adotiva e companheira de migração, me fez entender que as mulheres e os homens de todos os lugares do mundo e de diferentes linguagens, tradições, sabores, cheiros e cores, compartilham o anseio de entender e ser entendidos; abraçar e ser abraçados; amar e ser amados ao mesmo tempo.

Mercedes Pardo, discípula e amiga, acreditou em mim o suficiente para que eu pudesse acreditar em mim e me sustentar nos momentos em que não recordava por que e para quem escrevia este livro.

Silvia Galperin e Edna Soter, colegas e amigas, me ajudaram, com seu carinho e compreensão, a atravessar um dos momentos mais frutíferos, mas também mais dolorosos, de minha vida.

No lado externo, porque elas nem sequer sabem da importância que tiveram para mim, agradeço a quatro pessoas que, na minha imaginação, foram figuras parentais. Com ternura masculina, Jerome Brunner criticou meus primeiros textos. Na mesma época, Luisa Valenzuela elogiou minhas idéias – omitindo seus comentários acerca da forma em que estavam expressas – de forma feminina. Anos mais tarde, Juan Carlos Kreimer exigiu maior rigor na definição do livro enquanto Isabel Toyos aplaudiu as diferentes versões dos capítulos. Parafraseando Winicott, estas duas mulheres me ajudaram para que o livro existisse enquanto esses dois homens me estimularam para que este livro fosse construído. Nenhum deles é responsável pelo resultado.

Gabriela Esquivada e Liana Scalettar me ajudaram a me traduzir. Sem elas, este livro não teria saído nem do limbo.

Valeria Solomonoff, especialista em tango, foi precisa – mais do que perfeita – em suas explicações coreográficas. A responsabilidade pela forma como usei o tango como metáfora corre inteiramente por minha conta.

Juliana Neiman ouviu com amorosa atenção as últimas versões. Sempre pude contar com sua atenção completamente presente e multifacetada.

María Teresa e Enrique Rodriguez Boulán me abrigaram em muitos fins de semana em sua casa de Quogue, onde escrevi a maior parte deste livro. Sua hospitalidade confiante e generosa me fez sentir como se tivesse habitando a minha própria.

Inés Poffo limpou, com sua mente metódica e meticulosa paciência, as repetições e incoerências do texto final.

E não encontro palavras para agradecer como merecem a minha irmã e meu irmão, meu cunhado e minha ex-cunhada, minha sobrinha e seu companheiro, minhas tias e tios, que – às vezes voluntária e em outras involuntariamente – me permitiram observá-los viver e amar.

Resta-me dizer que graças a minhas filhas aprendi a saborear os amores compartilhados. Muito tarde para fazê-lo com o pai delas, mas ainda a tempo para me permitir fazê-lo com Jorge, o homem bom que rejeitei quando temia destruí-lo com minha maldade. Durante suas infâncias e adolescências, minhas filhas me ensinaram o suficiente para saber que, se quisesse – se recuperasse minha bondade, encarcerada na raiva ancestral do temor de me sentir inferior por ter nascido mulher –, eu também poderia merecer o amor compartilhado com um homem bom.

E termina a canção de Chico Buarque:

> *O terceiro me chegou*
> *Como quem chega do nada*
> *Ele não me trouxe nada*
> *Também nada perguntou*
> *Mal sei como ele se chama*
> *Mas entendo o que ele quer*
> *Se deitou na minha cama*
> *E me chama de mulher*
> *Foi chegando sorrateiro*
> *E antes que eu dissesse não*
> *Se instalou feito um posseiro*
> *Dentro do meu coração.*

Vinte anos depois de rejeitar Jorge porque achava que ele era fraco, nos encontramos novamente. Durante o tempo transcorrido sem que um soubesse do outro, Jorge havia abandonado seu medo de ser mau e aprendera a se defender – com sua força afetiva recuperada da culpa ancestral que lhe era causada pelo temor de se sentir superior por ter nascido homem – de mulheres fortes como eu. Hoje já faz vinte anos que desfrutamos nos ensinando mutuamente o que querem nossos diabinhos e nossos anjinhos, com força e bondade, como Natasha e Paula me ensinaram que era possível amar. No limbo, fora dele e nas complexas transições entre ambos os espaços, Jorge sempre me entrega o abraço exato.

Livros que recomendo:

Robert Sternberg: *Love is a Story*.
Danielle Crittenden: *What our Mothers Didn't Tell Us*.
Ulrich Beck e Elisabeth Beck-Gernsheim: *The Normal Chaos of Love*.
Elisabeth Badinter: *Homens/mulheres, como sair do caminho equivocado*.
Anthony Giddens: *The transformation of Intimacy*.

Este livro foi composto na tipologia Electra LH,
em corpo 11/15.25 e impresso em papel off white 80g/m²
no Sistema Cameron da Divisão Gráfica da Distribuidora Record.